国際政治を見る眼

世界秩序《ワールド・オーダー》の新基準とは何か

Into the Storm of International Politics

大川隆法 Ryuho Okawa

まえがき

宗教がここまで国際政治に意見を言うことは珍しいだろう。しかし、もともと幸福の科学は宗教の枠《わく》を超えた存在であったし、今、全世界一〇四カ国以上で活発な、伝道活動、救済活動を展開しているので、国際的なネットワークは、民族・宗教・肌の色・イデオロギーの違いを超えている。

本書では、日韓問題や香港問題、イスラム国問題などホットな話題が満載である。まずは、哲学が行動に優先しなくてはなるまい。「世界秩序《ワールド・オーダー》の新基準とは何か」という問いに私たちは答えなくてはならない。

なお本書では、ウクライナ問題について、多くを語っていない。ウクライナはロシアにとって、軍事的にも、食糧庫としても、重要な地域である。ナポレオン軍にもヒットラー軍にもロシア（旧ソ連）が負けなかったのは、ウクライナがあったからである。ここが完全にＥＵ圏になり、アメリカ製のミサイルがモスクワに向けて並べられることは、プーチン大統領にとって絶対阻止したいことだろう。かつてアメリカのケネディ大統領が（旧）ソ連のキューバミサイル基地を絶対に許さなかったのと同じである。

またウクライナにとっても、緊縮財政型のＥＵ経済に縛られるよりも、民主化、自由化、信教の自由、経済の自由を拡大しているロシアと共存共栄していくことのほうが、将来的には国民のためになるだろう。

安倍政権もこの辺の事情は察して、ロシアとの関係の修復・促進は忘れてはいないようだ。オバマさんの時代はもうすぐ終わる。日米友好を第一としつつも、日露平和条約に向けて忍耐強く努力を続けていくことだ。

二〇一四年　十月十六日

幸福《こうふく》の科学《かがく》グループ創始者兼総裁《そうししゃけんそうさい》　大川隆法《おおかわりゅうほう》

国際政治を見る眼　目次

国際政治を見る眼

――世界秩序《ワールド・オーダー》の新基準とは何か――

二〇一四年十月九日　説法《せっぽう》
東京都・幸福の科学総合本部にて

4　香港《ホンコン》の「反中デモ」の行方《ゆくえ》と国際社会への影響《えいきょう》　73

国際政治を見る眼

——世界秩序《ワールド・オーダー》の新基準とは何か——

二〇一四年十月九日　説法《せっぽう》

東京都・幸福の科学総合本部にて

質問者　※質問順

綾織次郎《あやおりじろう》（幸福の科学上級理事　兼《けん》「ザ・リバティ」編集長）
藤井幹久《ふじいもとひさ》（幸福の科学国際本部国際政治局長）
武川一広《たけがわかずひろ》（幸福の科学国際本部国際広報局長）
加藤文康《かとうぶんこう》（幸福実現党幹事長）

［役職は収録時点のもの］

1　国際政治について現時点での考えを述べる

大川隆法　しばらく、政治や国際問題についての発言をあまりしていませんでしたが、年末では、問題が溜《た》まりすぎて言えなくなる可能性があるため、そろそろ、このあたりで、「いろいろな問題に対し、どう考えるべきか」ということを、質疑応答形式で述べておきたいと思います。

調べてみなければいけないものもありますので、私自身も、すべてに対して、簡単に答えられるかどうかは分かりませんが、「今、このようなことを考えている」というあたりを述べてみようかと思うのです。

本日の演題は、「国際政治を見る眼」ということですが、英語に訳すとしたら、

“Into《イントゥ》 the《ザ》 storm《ストーム》 of《オブ》 international《インターナショナル》 politics《ポリティクス》”（国際政治の嵐《あらし》のなかへ）というような感じになるような気がします。

あちこちで〝渦巻《うずま》いて〟いて、「幸福の科学が少し油断をすると、世界では、いろいろな混乱が起きている」という感じです。

今日は、できるだけ多く、いろいろな論点に触《ふ》れたいと思いますので、Q＆A形式で行いたいと思います。

2　世界の潮流と「新世界秩序《ちつじょ》」の展望を示す

綾織　本日は、貴重な機会を頂きまして、ありがとうございます。私からは、総論的なところをお伺《うかが》いします。

今、国際政治学のなかでは、国際関係を、「パワーのぶつかり合い」「パワーの衝突《しょうとつ》」という感じで見ており、リアリズム（現実主義）の考え方が非常に強くなっていると思うのです。

その一方で、価値判断が弱くなっていたり、理想主義的なものが薄《うす》れてしまっていたりするところもありますが、これからの国際政治、あるいは、国際政治学を考えるときに、非常に良質な部分での理想主義というものが必要になってくるかと考えます。

そこで、大川総裁がお考えになっている、「国際政治の見方」、「国際政治学のあり方」というものをお教えいただければ幸いです。

アメリカが「世界の警察官」をやめたあとの世界

大川隆法　今は、どちらかというと、「理想がなくなった状態に近いのではないか」という感じでしょう。

世界から比べれば話は小さくなるかもしれませんけれども、今は、日本で言えば、「もはや幕府が潰《つぶ》れるのは時間の問題であり、みんなの眼にも、そのように見えている」という幕末期に、長州《ちょうしゅう》だとか、薩摩《さつま》だとか、土佐《とさ》だとか、幾《いく》つかの雄藩《ゆうはん》が割拠《かっきょ》して、「自分たちの力で、何とか建て直すか、あるいは、新しい国をつくるか」というような議論が巻き起こったような感じに少し近いのです。

ソ連が退潮してからあと、スーパーパワーとして、アメリカの一国超大国《ちょうたいこく》主義が百年か百五十年ぐらいは続くかと思い、私も『黄金の法』（幸福の科学出版刊）を書き換《か》えたぐらいなのですが、意外に、最初のほうが当たっていた可能性が高くなってきつつあります（注。『黄金の法』初版〔一九八七年八月刊〕では「世界の中心だったニューヨークは、その機能をほぼ壊滅《かいめつ》的なまでに失っている」という未来予測が書かれていた）。

改訂《かいてい》した当時は、「アメリカ伝道をするために、あまりアメリカがもたないというような言い方をするのは、よくない」と思って少し遠慮《えんりょ》しましたし、「百年や百五十年はもつだろう」と思っていたのですが、あっという間に、グーッと縮んできているような感じです。

『黄金の法』
（幸福の科学出版）

いずれにしても、すべては、「スーパーパワーとまでは行かないけれども、国際的に、普通《ふつう》の国よりも強い力を持った幾つかの極《きょく》が現れて、一国のスーパーパワーだったアメリカが、その使命を果たさなくなってきてからの国際政治を、どう読むか」ということにかかってきています。

私は、以前、「アメリカは世界の警察官をやめるだろう」という予言もしたのですけれども、確かに、オバマ大統領は、そういうことを口走《くちばし》りました（注。二〇〇八年六月二十九日の法話《ほうわ》「豊かな心を形成する」ほかで、「（オバマ政権になったアメリカは）世界の警察としての使命を放棄《ほうき》し、内政問題のほうに重心が移る」と予言〔『救世の法』（幸福の科学出版刊）参照〕。オバマ大統領は、二〇一三年九月十日のテレビ演説で、「米国は世界の警察官ではないとの考えに同意する」と述べた）。

アメリカが「世界の警察官」から下りることを表明したオバマ大統領。

「そのあと、どうなったか」ということですが、ご覧のとおり、世界各地で、いろいろと争乱が起き始めています。

また、オバマ大統領は、二期目の終わりが近づいており、いわゆるレームダック（死に体《たい》）になりますので、力のあるところを見せようとして、また少し奮起しようとしてはいるけれども、大きな流れ自体は変えられないでしょう。

アメリカが「世界の警察官」をやめるということで、イラクから退《ひ》いたあと、どうなったかということですが、これについては、このあと質問があるかもしれませんけれども、今の、「イスラム国」（本書一〇八ページ参照）周辺の問題になるだろうと思います。本来ならば、アメリカは、シリアのアサド政権が民衆に向かって攻撃《こうげき》していたときに、何らかのことをすべきでした。しかし、何もしないでいたら、今度は、アサド政権に攻撃されていたほうが、別なものと一緒《いっしょ》になって、アメリカから攻撃される側に入ってきた感じになっており、価値秩序《ちつじょ》が分からなくなってきています。

「朝日問題」から「産経問題」に切り替《か》えたい韓国《かんこく》

大川隆法　また、一方では、香港《ホンコン》の問題も、連日、報道されていましたので、これについても、大きな問題として、あとで質問が出るかもしれません。

それから、大きな問題としては、もちろん、「韓国《かんこく》・中国 対 日本」の問題もあるだろうと思います。

日本については、朝日新聞をめぐっての問題もありますが、これは、国際問題とも絡《から》んでいることです。朝日新聞問題は、日本のマスコミのほうが朝日新聞のほうに襲《おそ》いかかっているような状況《じょうきょう》ですけれども、韓国・中国系から見れば、それは、あまり好

『卑弥呼の幸福論』

（幸福の科学出版）

ましいことではありません。

今朝、私は、『卑弥呼《ひみこ》の幸福論』（幸福の科学出版刊）の校正をしていたのですけれども、朝から、朴《パク》槿恵《クネ》大統領の生霊《いきりょう》に襲われました（苦笑）。（朴槿恵大統領の守護霊《しゅごれい》が来るのは）これで四回目ぐらいになるのではないかと思います（『守護霊インタビュー 朴槿恵韓国大統領 なぜ、私は「反日」なのか』『安重根《あんじゅうこん》は韓国の英雄《えいゆう》か、それとも悪魔《あくま》か』（共に幸福の科学出版刊）参照）。

「何のご用があって来るのかな」と思ったのですけれども、当会の書籍《しょせき》を向こうも読んでいるのでしょう。

また、今日の新聞の朝刊を読めば、もちろん、産経新聞は、「前ソウル支局長

『安重根は韓国の英雄か、それとも悪魔か』

『守護霊インタビュー 朴槿恵韓国大統領 なぜ、私は「反日」なのか』

が、韓国の検察に訴《うった》えられる」ということで、一面で悲鳴のごとくガーッと言っていますし、ほかのところのスタンスはいろいろで、小さく書いているものもあります（注。二〇一四年十月八日、産経新聞の前ソウル支局長が朴槿惠大統領に対する名誉毀損《めいよきそん》で在宅起訴《きそ》された）。

朴槿惠大統領の生霊というか、守護霊と言ってあげたほうがよいかもしれませんが、話したかぎりでは、「朝日問題から産経問題に切り替《か》えたいんだ」ということを言っていました。私は、こういう会話ができるのです。

「私のような宗教家のところへ来て、何のご用があるのか」と不思議に思いますし、「私ではないでしょう。私は、そういう立場にはないのですけれども……」というような話もしたのですが、「いや、そんなことはない。産経の裏にいるのは幸福の科学だ。分かっているんだ。広告やいろいろな記事、従軍慰安婦像《じゅうぐんいあんふぞう》の撤去《てっきょ》など、いろいろやっているのは、産経単独でやっているのではない。裏についているのは、幸福の科学だ。調べはついている。最終的には、ここをやらなければ駄《だ》目《め》なので、作戦を練っているところである。産経の前支局長のほうが捕《つか》まえやすいから、先にやっているだけで、次は、幸福の科学をどう攻《せ》めるかを考えなければいかんのだ」というような話を、朝から言っていました。これは厳しいです。

実は、私は今日、「ヘレン・ケラーの幸福論」を収録したかったのです。これが、かなり延《の》び延びになっており、先週から持ち越《こ》していて、「早く終わらせないと、次に行けない」ということで、困ってはいます。

ただ、朝から、国際政治のことなど、いろいろ出てくるため、「未解決で放《ほう》っておいたものが、今、〝発酵《はっこう》〟してきているのかな」という感じがしているのです。

「武力を使わない日本」を望んでいる存在とは

大川隆法　今日の毎日新聞には、『元社会党委員長・土井《どい》たか子の霊言《れいげん》』（幸福の科学出版刊）の広告が載《の》っていましたけれども、憲法九条や日本の非武装中立、米軍への距離《きょり》の取り方など、「武力を使わない日本」ということで、封《ふう》じ込《こ》めたいと思っている勢力は、国内にもあるし、海外にもあります。実際は、日本を鎖《くさり》につないでおきたい勢力が海外にもあるわけで、これに対しては反応しています。

発表は明日《あした》ぐらいになるのかもしれませんが、今、「『憲法九条を保持する日本国民のみなさん』に、ノーベル平和賞を」というような運動が行われており、下《げ》馬評《ばひょう》としては、かなり有力に出ているのです（注。二〇一四年は受賞しなかったが、受賞を求める運動は続いている）。

ただ、これはアホらしい話ではあり、「ノーベル賞も、とうとう狂《くる》ってきたかな」と思ってはいるのです。「これで利するのは、どこか」ということを考えれ

元社会党委員長
土井たか子の霊言
死後12日目の緊急インタビュー
大川隆法
憲法9条堅持・平和主義で一世を風靡した女性政治家は、死後、どうなっているのか!?
『元社会党委員長・土井たか子の霊言』（幸福の科学出版）

ば、分かります。要するに、日本が、一切《いっさい》、軍事行動を取れないようになると利を得るわけですから、そこから息がかかっているところが、その運動の主体ということになるわけです。

今は、「（憲法九条がノーベル賞を受賞したら）誰《だれ》が受賞するか。受賞する人を探さないといけない」というようなことで、ワアワアと言っているような状況ですが、笑いが止まらないような、狂った状況ではあり、「どうせなら、安倍《あべ》首相に受賞してもらって、憲法九条の大切さを演説してもらいたい」などという冗談《じょうだん》めかした話も出ているぐらいです。

結局、「憲法九条のところを持ち上げて、日本が憲法改正をしないようにしてしまいたい」という勢力が裏で働いていて、もちろん、それには、組織が確実についています。それは、「反安倍」の勢力の政党や、それ以外の国々がついているのは明らかで、その〝根っこ〟は、どこにつながっているかというと、韓国にも、中国にもつながっているはずです。

アメリカ大統領の認識力で変わる「世界の地図」

大川隆法　このように、実は、今、目に見えないところで、いろいろな〝渦巻《うずま》き〟が起きていますけれども、オバマ大統領自身には問題解決能力がないように思うし、世界の経済的な混乱を解決するだけの力がないというか、彼自身に、そうした事業家的な発想や能力がないために、「貧困《ひんこん》の拡大や格差の拡大を言われたら、オールドファッションドなやり方でやるしかない」、つまり、「お金があるところから取って、ばら撒《ま》く」というぐらいしか考えつかないレベルだろうと思います。

これは、「今、アメリカが、政治的にも、軍事的にも、経済的にも、アメリカであることを終えようとしているかどうか」がかかっている問題です。

アメリカの大統領は、アメリカ国民だけで選んだらよいわけではなくて、国際的にも選ばれなければいけないかもしれないと思います。それによって影響《えいきょう》が出てくるし、その人の認識力によっては、「世界の地図」が変わってくる可能性があるでしょう。

韓国をめぐっての問題、日韓、あるいは、日中、中韓の問題もありますが、もう一つは、ロシアの（ウクライナ）問題もあり、アメリカは、また、それには激怒《げきど》したようです。ただ、アメリカには、妙《みょう》に刺激《しげき》されるときと、平気なときと、両方あるらしく、あまり論理的でない反応をします。「イスラム国」の場合は、「ジャーナリストが二人、処刑《しょけい》されたため、頭にきて空爆《くうばく》を始める」というようなことであったのですが、大局観が少なすぎるような感じがします。

人が一人、二人殺されるのを見て、急にカッときていますが、「大局的なことについては見えないでいるらしい」というか、小さな意味での人道主義にしか目がいかず、目がミクロなのです。

つまり、オバマ大統領は、ミクロの目で見ているため、「人命尊重」とか、「貧困の解決」とか、小さなところには目がいくけれども、全体については目がいかないように見えます。

一方で、安倍首相も〝活躍《かつやく》〟中ではあるけれども、もちろん、これを、ナチス張りに持っていきたいという勢力が、おそらく、国内にも海外にもあるでしょう。

先般《せんぱん》、「広島大水害」と「御嶽山《おんたけさん》の噴火《ふんか》」について、霊的な調査をしました（『広島大水害と御嶽山噴火に天意はあるか』〔幸福の科学出版刊〕参照）。「要《い》らないかな」と思いつつ行《おこな》ったのですけれども、案《あん》の定《じょう》、いろいろな新聞の投書等を見ますと、「火山の噴火。だから、原発廃止《はいし》」などと、まるで、「神の怒《いか》りが起きたから、原発は止《と》める

『広島大水害と御嶽山噴火に天意はあるか』（幸福の科学出版）

べきだ」と言っているかのように、上手に利用する勢力が出てきてはいます。普段は信じていないけれども、こういうときだけは「神様」を持ち出す勢力がいるらしいということで、「いちおう、調べておいてよかったな」と思っています。

朴槿恵《パククネ》大統領が恐《おそ》れることとは

大川隆法　いずれにしても、当会は、当会独自でやっているように見えながら、いろいろな面で、「世界の潮流を、どう動かすか」ということや、世界の首脳クラスの問題などと関係が出てきているのではないかと思われるのです。

ちなみに、今朝、朴槿恵《パククネ》大統領の守護霊は、結局、「タイのインラック首相のようになりたくないのだ」

タイのインラック首相が政府高官人事で職権を乱用したとされる裁判で、憲法裁判所は2014年5月、「インラック首相の行為は憲法違反」とする判決を下した。違憲判決が下ったことで、憲法の規定により首相は失職した。

『守護霊インタビュー　タイ・インラック首相から日本へのメッセージ』（幸福の科学出版）

ということを、はっきり言っていました。それを聞いて、「ああ、なるほど。そういうことか」と、合点《がてん》がいった感じがします。

「少し強いところを見せないと、ああいうふうになってしまう」ということで、日本に強気になったりしたいらしい、ということは分かりました。

日本に対して「二重論理」でかかってくる国連

大川隆法　論点は、ほかにもたくさんあると思いますが、「ここに、日本がまた一枚嚙《か》んでこようとしてきているので、それを封じ込めたい」と思う者もいるのでしょうが、それはおかしいと思うのです。

国連からは、事務総長が韓国の方ということもあって、「日本でのヘイトスピーチや、『従軍慰安婦事件はなかった』というようなことを言うのはやめろ」といった圧力がかかってきていますし、「きちんと法律的な補償措置《ほしょうそち》を取るように」

というようなことも言ってきています。ただ、さすがに、日本のマスコミも、そうしたことはあまり聞かず、報道しないようにはしているようです。

しかし、韓国は、そういうことを言いつつも、日本の産経新聞社が、韓国内で報道されたことに則《のっと》って、それを二次報道型でウェブサイトに少し載せ、「豪華客船《ごうかきゃくせん》（セウォル号）が沈没《ちんぼつ》した七時間の間、大統領は行方不明《ゆくえふめい》で、何をしていたか分からない」というようなな、巷《ちまた》のマスコミに書いてあるようなことを簡単に報道したことに対し、「大統領への侮辱《ぶじょく》

2014 年 4 月 16 日、仁川から済州島に向かう途中、転覆・沈没した韓国の客船・セウォル号。乗員・乗客 476 人中、死者 294 人、行方不明 10 人の大惨事となった。

だ」ということで、「懲役《ちょうえき》か、罰金《ばっきん》か」などと言って、責めてきています。「日本の韓国に対するヘイトスピーチはいけないが、韓国に関する正常な報道も許さない」という、まことに不思議な「二重論理」で動いているのです。

幸福の科学が出す意見が「New World Order《ニュー ワールド オーダー》」の基準になる

大川隆法　国際的な基準ともなる国連が、もう駄目ですし、アメリカも駄目だということになりますと、「どうしたらよいのか」ということになってきます。ですから、安倍首相の意見も、ストレートに国際秩序につながるか、攪乱《かくらん》要因になるか、分からないところはあるでしょう。

各論については、もっと意見がいろいろとあるでしょうから、それについては、また少し話をしようと思いますが、沈《しず》んでいくアメリカのあと、主導権が、中国に移るか、インドやロシアに移るか、ＥＵに移るか。あるいは、列藩会議のような感じで、みなで集まって会議をしなければ決まらないようになるのか。また、それらは、いずれにしても一時しのぎでしょうから、「群雄割拠型」になって、世界各地で好き勝手なことが行われるようになるのか。

このあたりの、これからの動きは、予断を許さないところだと思いますが、だいぶ前から、大統領の生霊のようなものが、私のところに来始めているのを見ると、何となく、「当会が発信することが、『New《ニュー》 World《ワールド》 Order《オーダー》（新世界秩序）』の基準になっていくのかな。それを、政治が後追いしてくるのかな」というようには見えてきたので、当会の発信は非常に重要なのではないかという感じがしています。

最近の霊査《れいさ》によると、イスラム関係のほうにも、日本神道《しんとう》との関係があることが出てきていますので、何らかの「World Order（世界秩序）」をクリエイトしていかなければいけないのではないかと考えています。今はまだ、そういう立場にはないと思うので控《ひか》えてはいますが、結果的には、一つひとつの問題を片付けて意見を言っているうちに、だんだんと方向性が出てきつつあるようには見えています。

それが全体的に承認されるのは、だいぶあとになるのかもしれませんが、マスコミのほうでも、当会が出している意見等は、みな、だいたいは読んでいるようですので、ここが「国連の記者会見の場」だと思えば、そのとおりかもしれません。「ここで言っているようなことが、あとから世界で起きることだ」ということです。

危険性を予想していた「アメリカのシェールオイル開発」

大川隆法　私の考えとしては、残念ながら、アメリカは、それほどすぐには「スーパーパワー」としての力を取り戻《もど》せるとは思えません。

一時期、「アメリカが、シェールオイル、シェールガス等で好景気に沸《わ》いている」というような意見があり、日高《ひだか》レポート（テレビ東京「ワシントンの日高義《よし》樹《き》です」）などでも、そのような感じで言っていましたが、私は、「これは、眉唾《まゆつば》だな」と思い、少し用心して見ていました。

しかし、日本の住友《すみとも》商事が、まんまと引っ掛《か》かり、二千七百億円ぐらいの減損損失を計上しています（注。二〇一四年九月二十九日、住友商事は、シェールオイル事業等の失敗を受け、二〇一五年三月期の決算において、二千七百億円の減損損失を計上すると発表。純利益予想を二千五百億円から百億円に大幅《おおはば》下方修正した）。

だいたい、「二千メートルも掘《ほ》り、さらに横穴を掘ってから、油やガスなどを吸い取り出さないといけないなんて、こんなことが採算に乗るのか」ということは、事故や失敗が非常に多いでしょうから、石油を掘ったことがある者なら、すぐに分かることです。こんな困難なことによって、好景気がすぐにやってくるとは考えられません。

したがって、私としては、「宣伝のために使っているのではないか」と読んではいたのですが、日本の商社が見事に引っ掛かり、慎重《しんちょう》さで有名な住友商事が、二千何百億円の減損損失を計上することになりました。

商社の利益幅から言って、二千何百億円の減損というのは、はっきり言えば、倒産《とうさん》の可能性があるぐらいの厳しさですから、そんなにはもたないはずです。利益幅自体は、儲《もう》かっているところでも、三百億円や五百億円ぐらいあればかなりよいほうですので、二千何百億円というのは、何年分か、十年分か分からないぐらいの利益なのです。したがって、このくらい〝吹《ふ》っ飛ぶ〟と危ないでしょう。ですから、「乗せられたな」と思います。

私は、「二千メートルも掘って、横穴も掘る」ということに対して、いちおう疑ってかかっていたのですが、やはり、そのとおりでした。もっと簡単なボーリング（掘削《くっさく》）をしていても、失敗は多かったのを知っていたため、「こんなことができるかな」とは思ったのですが、やはり、予想どおり、その危険性が出てきたので、これは、また連鎖《れんさ》してくる可能性はあります。

おそらく、こうしたことを出している背景には、「中東の油なんかに依存《いぞん》しなくても、アメリカはいけるぞ」ということをPRすることで、中東側の「油を担《たん》保《ぽ》にしてアメリカと交渉《こうしょう》する」というのを封じるためにしているのだろうと読んではいました。お互《たが》いに情報戦を行っているので分かりませんが、おそらく、それが出てきているのではないでしょうか。

いろいろな虚々実々《きょきょじつじつ》があるわけです。

「巨大《きょだい》バブル」が隠《かく》れている可能性のある中国経済

大川隆法　さらに、中国についても、やはり、疑問がなきにしもあらずです。いろいろとレポートを読んでいますと、中国は、天安門《てんあんもん》事件があった一九八九年以降、国際的批判を受けて、経済的にもリセッション（景気後退）が起きています。世界から相手にされない時期が来て、クリントン政権の始まりの九三年ごろでも、クリントンは「人権外交」を行い、最初、中国に対してはけっこう厳しく接していて、締《し》め上げをしていました。

そのため、中国経済は、初め、いったん萎《しぼ》んでいるのですが、そのあと、なぜか、「二十年間で三千パーセントの成長率がある。三十倍も成長している」と言っているのです。

一方、日本は、この二十年間、ほとんど変わっていません。

中国が「世界の工場」となり、日本でつくっていたものや、アメリカのものなど、いろいろなものをつくっているのでしょうし、それらを輸出しているわけですから、輸出で儲かっているのかもしれませんが、「輸出」している以上、「輸入」しているところがあるわけで、それらは、アメリカや日本やヨーロッパであるはずです。なかには、オーストラリアや南米もあるかもしれませんが、そのように輸入しているところがあり、中国が輸出で儲かっているのであれば、輸入するほうも、輸入したものを国内で売りさばいているはずですから、経済効果がなければいけません。

輸入国にも、輸出国に釣《つ》り合った経済効果がなければいけませんから、「一国だけが三十倍に成長し、ほかのところは同じ」というようなことは、どう考えても釣り合わないのです。

アダム・スミスに、「こんなことはありますか。輸出で儲かった国の経済が三十倍になって、ほかの国はほとんど変わらないなどということは成立するのでしょうか。日本の工場が、日本から中国に移動し、中国でつくったからといって、日本がそれらを輸入するかたちになったかどうかは知りませんが、中国だけがそんなに成長し、日本の経済は同じなどということはあるのでしょうか」と訊《き》いてみたいところです。

やはり、これには何か、「統計のウソ」が必ずあるので、「巨大《きょだい》バブル」が隠《かく》れているに違《ちが》いないと思うのです。

中国は一党独裁国家で、野党がありません。それから、政府を批判するマスコミもありません。そうすると、もはや、何でも通るようになっています。

したがって、今は、「もしかすると、香港のところから馬脚《ばきゃく》が露《あらわ》れるのではないか」という感じが、少し出てきてはいるのです。

「予断を許さない事態」を秘《ひ》めている中国の経済構造

大川隆法　少し前に、中国で、高速鉄道が橋の上から落下した際は、人命救助と遺体の回収をするのかと思いきや、遺体の回収もせず、そのまま穴を掘って、事故車両を埋《う》めてしまいました。こうしたことを見ても、先進国とは思えません（注。二〇一一年七月二十三日、中国浙江省温州市《せっこうしょうおんしゅうし》で高速鉄道の追突脱線《ついとつだっせん》事故が発生。車両の一部が高架《こうか》から落下・宙吊《ちゅうづ》りとなり、中国政府の発表によると死者四十人、負傷者二百人以上の大事故となった。本来なら遺体や遺品を回収後、事故車両を回

2011年7月23日、中国浙江省温州市で起きた高速鉄道の追突脱線事故。

収して原因を究明すべきところ、現場では翌二十四日の午前中から重機による車両の解体が始まり、高架下《した》に掘った穴にそのまま埋められた)。

とにかく、外国のメディアに映されないようにするのが先決で、「遺体の引き渡《わた》しなんかどうでもよい。遺族に渡すのなんて、どうでもよい」ということで動いているところを見たら、ここも疑わなければいけないでしょう。

この経済構造に関しては、蓋《ふた》を開けて〝解剖《かいぼう》〟することができないので分かりませんが、もしかしたら、なかでは大変なことが進行しているのではないかと、今、私は疑っています。「そのあと、いったい何が起きるのか」ということについては、予断を許さない事態が待っているのではないかと思うのです。

そういう意味で、「統計のウソ」もありますが、こうしたことは、日本でも行われています。

例えば、税金を上げる前は、「好景気」とか「意外に、それほど悪くない」なという数値を出しておいて、消費税増税の法案が通ったあと、何カ月かしてから、「やはり、意外に悪かった」というようなものを出してくるのは、いつもの手です。

十二月に消費税上げの決定を考えている以上、今、よい数字が出ていても、実態は、もっと悪い可能性もあるわけで、「悪かった」というのが分かるのは、駆《か》け込み需要《じゅよう》などが起き、景気が少し持ち上がったときあたりかと思います。消費税上げが決定する前には出ないはずです。

こういうことが、独裁国家風になれば、十倍、百倍の規模でできるのではないでしょうか。

今、打ち出すべき「世界が向かうべき方向」とは

大川隆法　そういう意味で、「世界を動かす一つの哲学《てつがく》は、いったい何であるべ

きか」というところが問題だと思うのです。

一時期、九〇年代には、アメリカ押《お》し付け型の「グローバルスタンダード（世界標準）」というのが流行《はや》っていましたが、これによって、他の国の経済は、そうとう破壊されたところがありました。

少なくとも、日本の経済が、「グローバルスタンダード」によって破壊されたことは間違いないと思います。これによって、日本の金融《きんゆう》機関は軒並《のきな》み潰《つぶ》れました。この「グローバルスタンダード」というもので、勝手にやられてしまったので、潰れてしまったのです。

あと、もう一つには、EU型の「緊縮《きんしゅく》財政型」も、また、グローバルスタンダード化して広げようとしていますが、これが広がっているところは、カトリックの国など、経済停滞《ていたい》している国ばかりです。「金持ちになったら地獄《じごく》に行く」ということを信じている人たちは発展しませんから、こうしたところも、緊縮財政ばかりで失業者の山なのです。「こうした国を、どこが救うか」と言っても、救う相手はいないわけです。

そういうことがあるので、中国が、「張り子の虎《とら》型経済」で、ヨーロッパを救えるようなふりをして見せたりと、いろいろしてはいますが、やはり、どこで肩《かた》すかしを食うか、分からない状況にはあると思います。

これは、何か、「新しい基準」「世界の向かうべき方向」を、はっきりと打ち出さねばならないということであり、その「新しい方向」とは、新しい世界の秩序をつくるための倫理《りんり》、および、その倫理に経済原理を含《ふく》んだものでなければならないでしょう。したがって、「地球的正義とは何か」という考え方の下《もと》に、同時に、世界的な経済発展を促《うなが》すような倫理でなければいけないのではないでしょうか。

大国がみな、「世界から撤退していき、自分の国の経済が何とか潰れないようにする」というだけの方向に行くと、シュリンク（縮小）、つまり、地球全体が縮んでいく状況となり、そのなかで、「人口だけは増えている」ということになりますと、このあと、きっと〝恐《おそ》ろしいこと〟が起きるだろうと思います。

「人口は増え、しかし、経済は縮んでいく」ということであれば、〝恐ろしいこと〟が起きると思うので、ここで、考え方を間違う人が出てきたら、大変なことが起きるのではないでしょうか。

総括的《そうかつ》には、そういう話をしておきたいと思います。

3　韓国《かんこく》の問題点と日本が取るべき外交スタンス

藤井　私からは、韓国《かんこく》情勢に関連して質問させていただきます。

先ほど話題に出た、産経新聞の前ソウル支局長の件もありましたが、こうした状況《じょうきょう》は、民主主義国の常識からすると、非常に理解しにくいところがあります。

数年前は、韓流《ハンりゅう》ブームでしたけれども、現在では、どちらかというと、〝嫌韓《けんかん》ブーム〟であり、そうしたものが非常に流行《はや》っている状況です。

過去に遡《さかのぼ》ってみますと、福沢諭吉《ふくざわゆきち》がかつて「脱亜論《だつあろん》」で、「アジアの悪友を謝絶すべきだ」と唱えたのは、韓国情勢がきっかけになったとも言われています。

また、対中関係も同じだと思うのですが、「日本が韓国・中国に深くかかわりを持とうとすると、非常に不幸な関係になってきたことが多く、むしろ、適度な距離《きょり》感を保ったときに平和な状態になることが多い」という意見も根強くあります。

こういった考え方に対して、今後、積極的によりよい未来を築いていく方向で、日本の外交スタンスとして訴《うった》えるべきこと、あるいは未来のビジョンにどのようなものがありうるのか、ご教示いただければと思います。

韓国《かんこく》は実質上、「人治《じんち》国家」になっている

大川隆法　日本は江戸《えど》時代に三百年間鎖国《さこく》していて、経済成長はなくても、人口も一緒《いっしょ》のままで現状維持《いじ》できたことから考えれば、中国・韓国《かんこく》とそんなに無理に付き合わなくてもいいのではないでしょうか。

ほかの国とはまだ付き合える状況にありますので、「ものすごく経済成長して

いるのが止まる」というなら考えものですけれども、まったく変わらない状況でしたら、急いで関係改善するために譲歩《じょうほ》してみせて、相手に付け込《こ》まれる必要はないのではないかと思います。

ですから、朝日新聞が〝元気〟だったときは、実際上、「世界は」と言う場合は、「中国・韓国は」という意味に置き換《か》えてよかったので、「世界から孤立《こりつ》する」というのは「中国・韓国から孤立する」という意味だったのです。しかし、最近の韓国大統領の〝ご乱行《らんぎょう》〟、および香港《ホンコン》での中国の嫌《いや》がられ方等を見て、みんな少しずつ目覚めてきつつあるような感じはしています。

つまり、韓国が「自由で民主主義の国」だと信じていた人たちは、「これは意外に中国によく似た国だった」ということが、今、分かりつつあるのではないかと思います。

（韓国大統領は）女性だということで騙《だま》されていたかと思いますが、これは

〝習近平《しゅうきんぺい》の妻〟のような存在が支配しているように見えるということです。自分が腹を立てれば法律なんかどうにでもなるような国ですので、中国とまったく一緒であり、「法治《ほうち》国家」ではなくて「人治《じんち》国家」です。

朴槿恵《パククネ》大統領の守護霊《しゅごれい》が語った、〝蛮族風《ばんぞくふう》の怖《こわ》さ〟がある韓国《かんこく》文化

大川隆法　朴槿恵《パククネ》大統領の守護霊《しゅごれい》も言っていたのは、「韓国《かんこく》の大統領というのは大変なんだ」ということです。

何が大変なのかを訊《き》いたら、要するに、「（大統領を）追い落とされたとき、あとは刑務所《けいむしょ》行きか、殺されるかで、財産を没収《ぼっしゅう》されたり、いろいろとろくなことはないから、権力の座にいるということは大変なことだ。とにかく反日を言っておかないかぎりは権力を維持できない。日本に対して親日を言ったら、即座《そくざ》に追い出されるか、財産を没収されるか、逮捕《たいほ》されるかになるから、とにかく敵をつ

くって、日本を攻撃《こうげき》しているかぎりは権力の座にいられるんだ。死ぬギリギリまで権力の座にいなかったら、あとはやられるんだ」というようなことを言っていたので、〝蛮族風《ばんぞくふう》の怖《こわ》さ〟があります（前掲《ぜんけい》『守護霊インタビュー　朴槿惠韓国大統領　なぜ、私は「反日」なのか』参照）。

実際、韓国の歴代の韓国大統領はみんな不幸になっています。任期が終わったあとは、みんな次の人に〝やられて〟いるので、まるで戦国時代みたいです。「生かしておくと、いつ反逆してくるか分からないから、殺す」みたいな感じに似たやり方なので、民主主義国家とは思えません。

産経新聞
10|9（木）
前支局長の起訴強行
ソウル地検、名誉毀損で
岸田外相「大変遺憾」

2014年10月9日付産経新聞。同紙の前ソウル支局長が朴槿惠大統領について書いたコラムに関し、ソウル中央地検は同氏を名誉毀損で起訴。国際社会からの非難が集中している。

「民主主義国家」というのはそういう国ではなく、権力にあるときは攻撃されることはあっても、それから離《はな》れたらもう扱《あつか》われなくなります。

例えば、最近、社会主義の社会党（現・社民党）委員長だった土井《どい》たか子さんの霊言《れいげん》を出しました（前掲『元社会党委員長・土井たか子の霊言』参照）。あの人も社会党委員長を辞《や》めたあとに、「ああ、これで朝の新聞が読める」というようなことを述懐《じゅっかい》していたのを思い出しました。

社会党が政権を取っていたわけではないけれども、社会党の委員長というだけで、「朝の新聞を開いたときに何か悪口が書いてあるのではないかと思うので、見るのが怖くて怖くて、朝が怖かった」と、確か述べていました。（委員長を）下りたら、「これで新聞が読める」というようことを言っていたのを覚えています。

それなら、首相などはもっとでしょう。たいてい（新聞に）悪口が書いてあるのが普通《ふつう》ですけれども、辞めたら、あとは追及しないものです。

それから、首相になる前の、まだ〝軽量級〟の大臣の場合は、それほど言われないというところもありますので、（日本人は）「こういうものだろう」と思っているのです。

ただ、（韓国が）徹底《てってい》的な人身攻撃をやめないというのは、相手を殺すところまで終わらない時代の名残《なごり》があるのではないかと思います。そういう文化的なものがあるのではないでしょうか。

民主主義がなかなか根付かないのはタイも同じ

大川隆法　タイも、タクシン元首相からインラック前首相へと、兄妹《きょうだい》で民主主義国家をつくろうとしましたけれども、今は軍部のクーデターでやられています。やはり、軍事政権にすぐ戻《もど》ってくるのを見れば、民主主義というのはそう簡単に根付かないだろうというふうに思います。

タクシン元首相も思想的には、マーケティングのコトラー系の弟子《でし》だったというふうに書いてありました（注。タクシン元首相は在任中、コトラーの教え子であるソムキット・タイ愛国党副党首〔当時〕を財務大臣に任命している）。

それで都市部が発展はしたのですけれども、「都市部」と「田舎《いなか》」との間に格差が当然出てきました。

そのため、都市部の利益の部分、豊かな部分を地方にばら撒《ま》いたら、都市部が怒《おこ》って追い出しにかかってきた、というような動きをされたわけです。

それで、「インラックもその流れを引いていて、つるんでいるのだろう」と思われて、追い出されたということですが、軍部に任せたら、これもまた経済など全然分かりません。「配給型平等経済」はつくれますが、「平等」ということが、よいほうで平等になればいいけれども、悪いほうで平等になったら、きついでしょう。

それでも、「『都市型』を『農村型』まで落としたら、みんなが幸福になる」というのならしかたがないと思いますが、やはり思想的な欠陥《けっかん》があるように思います。

韓国《かんこく》や中国も情報公開をして〝洗脳〟を解かなければいけない

大川隆法　とにかく、個人が「自分の権力を保持しないかぎり命が危ない」と思って、公正な政治ができないような「人治政治」があるなら、それは明らかにしなければいけないし、キチッと指摘《してき》して批判するのは、マスコミの使命だろうと思うのです。

個人主義的にやらずに、国民の利益から考えて、個人的に憎《にく》いわけではないけれども公的な批判がキチッとできるということが、マスコミの使命です。そういうマスコミが健全に働いているなかで、近代民主主義も機能はしているのだということです。

マスコミが完全に、そういう権力者の〝提灯持ち《ちょうちんも》〟しかできず、同国人から国連事務総長が出ても、大統領の〝子飼《こが》い〟のような気分でやっているようでは、話にならないレベルです。

やはり、みんなそれぞれが職務に応じて公正中立な判断ができて、やるべきことをやっていくことが大事なのではないかと思います。

韓国《かんこく》は、逆に、日本のマスコミが言っていることはよく勉強しているようで、翻訳《ほんやく》されているのか、直接読めるのかは知りませんが、権力者を批判しているのを、まともに受けているのでしょう。自分たちの国ではそういうことはないので、ほかの国では権力者批判をしているのを見て、「よほど悪い権力者なんだろう」と、本当に真に受けてやっているのだと思います。

中国もそうだと思うのです。たぶん、日本の政治家が批判をたくさん受けているのを見て、「本当に悪い政治をやられているのだろうな」と思っているのでしょう。「自分たちの国では、こういうことは一切《いっさい》ありえない。もうほめ称《たた》えるしかないので、いい政治が行われている」と思っているわけです。

やはり、こういうところは洗脳されているわけですので、こうした〝洗脳国家〟に関しては、その洗脳を解いていかなければいけないと思います。

かつてのソ連は「改革経済」と「情報公開」をやったところ、情報公開で一発で潰《つぶ》れてしまいました。それだけは中国も恐《おそ》れて、やっていませんけれども、中国や韓国も情報公開については、もう少しはっきりさせていかねばならないと思います。

ですから、「アメリカ・日本・韓国は同じ価値観を持っている」と思うなら、間違《まちが》いだと思ったほうがいいと思います。

日本のマスコミも、このへんのところは恐ろしくて書けないのでしょう。すぐ逮捕されたり、支局がなくなったりしてもいけないから、書けないのでしょうけれども、違うところはやはり知っておくべきだと思います。

成熟していない政治レベルで国際情勢を判断すべきではない

大川隆法　だいたい、大統領の生霊《いきりょう》が私のところにギャアギャア言いに来るというのは品がなさすぎます。「安倍《あべ》さんのところへ行ってくれ」と言いたくなります。なぜ、私のところに来なければいけないのでしょうか。私は公式ルートで交《こう》渉《しょう》するようなものは何も持っていません。まあ、「裏で糸を引いている」と見ているのでしょう。

いずれにしても、確かに問題はあります。

（朴槿惠大統領の生霊が）「今日は韓国について言ってほしくない」ということ

を言いに来たら、やはり説法《せっぽう》することになってしまいました（会場笑）。言わなければ、今日はヘレン・ケラーの霊言をやっていた可能性もあるのに、言いに来たから、しかたなくやることになってしまったのです。

日本のほうも官房長官《かんぼうちょうかん》などは、「（朴槿恵大統領は）大人気《おとなげ》ない」というような言い方をしているようではありますが、そうだと思います。少し幼稚《ようち》ですし、成熟していないと思われます。

やはり、成熟していない政治レベルで国際情勢まで判断するのは、片腹痛《かたはらいた》い状態かと思います。

大国には大国なりの「使命」や「責任」がある

大川隆法　やはり、「どこが先進国なのか」については、よく中身を知ったほうがよいと思います。外側を大きく見せたり、強そうに見せたり、ＰＲしたりすることはできるけれども、事実をよくしなくてはいけません。

ですから、悪いところや失敗したところを公開できるのは、本当に強くて実力があるということだと思うのです。技術に自信があれば、事故が起きたときに、それを公開しても、何とか解決しようとするでしょう。しかし、技術に自信がなかったら、それを隠《かく》すということになるわけです。

ちなみに、中国の工場でつくられたアップル社の製品（iPhone6《アイフォーンシックス》）は、初めは、日本や香港で売り出しても、中国では売りませんでした。それは、ほかの国で売ったほうがブランド価値が上がると考えているか、中国で売り出したら、すぐにまねをした海賊《かいぞく》商品がたくさん出てくるからか、そのどちらかでしょう（注。その後、iPhone6は中国本土でも販売《はんばい》開始となることが決まった）。

いずれにしても、解明されていないもの、報道されていないものは数多くあると思います。しかし、大国になったら、それ相応の使命があるわけです。会社であっても、大きくなったら大きくなっただけの〝世界的な重さ〟が生じますし、あるいは、社長や重役たちには、それだけの「判断の重み」が加わってきます。それと同じように、国も大きくなったら、それだけの判断の重みを受け止めるとともに、「透明性《とうめい》に責任を持つ」という考え方を入れなければいけないのです。

韓国《かんこく》はもう少し国際性を持たなければならない

大川隆法　ただ、韓国《かんこく》に「透明性」を入れたらどうなるかといえば、はっきり言ってボロボロだと思います。

以前、韓流ブームが起きたときもそうでしたが、韓国の文化が日本に入るのは構わないのです。ところが、「日本の文化が韓国に入るのはよろしくない」ということで、そうとうなブロックがかかっていました。

要するに、日本文化に洗脳されてはいけないと思って、必死になっているので

しょうが、そもそもは、自由にどちらでも行けるようにして、その上で判定して
もらえばよいわけです。

例えば、韓国人俳優が、忍者《にんじゃ》として出てきて暴《あば》れたりしているようなハリウッド映画（『G.I.ジョー』『G.I.ジョー バック2リベンジ』）がありますが、あれはパクリでしょう。やはり、忍者は日本のものです。なぜ、イ・ビョンホンが忍者を演じなければいけないのか、私は、どうしても納得《なっとく》できません。運動神経はよいのでしょうけれども、イ・ビョンホンの忍者などインチキに決まっています。どう考えてもおかしいと思うのですが、こうしたことをしているわけです。

そういう意味で、両方の公開度を同じようにしていかないといけないのではないでしょうか。同じようにできないのであれば、現在、不平等状態にあるわけです。つまり、片方からの浸透圧《しんとうあつ》が強いために、もう片方がブロックしているという状況であって、「ブロック経済」や「ブロック文化」があるということでしょ

う。

やはり、韓国は、国連事務総長を出しているのですから、もう少し国際性を持たないと恥《は》ずかしいと思います。国連の事務局も韓国人ばかりを置いて運営しているようですが、本来、中立でなければいけないのです。それを分かっていない可能性があるので、もう少し考え方を変えていただきたいと思います。

「正義とは何か」とは、非常に難しいことではありますし、強さだけが正義ではありませんけれども、やはり、より多くの人たちが幸福になるような結果に導いていけるようにしなければならないでしょう。

例えば、韓国の豪華《ごうか》客船が沈《しず》んだときに助けられなかったというのは、まこと

アメリカのアクション映画「G.I. ジョー」（2009年公開）。イ・ビョンホンは、白装束の忍者のような衣装を纏い、主人公の敵役でテロ組織の一員を演じている。（Spyglass Entertainment/Paramount Pictures）

にみっともない話だったと思いますが、日本の映画「海猿《うみざる》」が韓国内で数多く公開されていたら、さらに恥ずかしい思いをしただろうと思います。海上保安庁の特殊《とくしゅ》部隊の人たちが命懸《いのちが》けで救出する活躍《かつやく》等を、多くの人が知っていたら、いかに自分たちが不手際《ふてぎわ》を犯《おか》したか、もっともっと、よく分かったのではないでしょうか。

日本文化を適度に入れないようにしていることは、韓国政府にとってはよいことなのかもしれませんが、もう少しお互《たが》いに公開し合っていかないと、本当の意味での付き合いはできないのではないかと思います。

朴槿恵《パククネ》大統領に〝退場勧告《かんこく》〟をしたい

大川隆法　ただ、正直に言えば、私は、朴槿恵《パククネ》

海難救助を仕事とする海上保安官の活躍を描いた漫画「海猿」(佐藤秀峰)は、ドラマや映画化もされ、ブームを巻き起こした。

大統領に〝退場勧告《かんこく》〟をしたいぐらいです。タイのインラック前首相のようになるのは怖いのかもしれませんが、国民全体の利益を考えた場合、もう少し見識のある方が出なければいけないでしょう。どうしても悲しい感じがしてなりません。

だいたい、七十年以上前の〝従軍慰安婦《じゅうぐんいあんふ》〟の話で、日本の言論をすべて封《ふう》じ込めようとしているわけですが、このようなことをしていて大丈夫《だいじょうぶ》なのでしょうか。やはり、「現在ただいまのことについて言うことはないのか」という感じがするのです。

要するに、人の弱みをつかんだら、そこばかり攻撃し続け、平気で傷口にナイフを繰《く》り返し刺《さ》し込んでいるような状態でしょう。それに対して、恥ずかしいという気持ちは起きないのかという気がしないでもありません。

やはり、内部からの批判とか、実力のある人が出てこようとする気運とか、そういうものがあってもよいのではないでしょうか。被害者《ひがいしゃ》意識で固まっている人がトップに立つのはどうかという感じはします。イメージ的には、広島や長崎《ながさき》の市長が、日本の首相をしているような感じに近いでしょう。

いずれにせよ、もう少し韓国の自助努力に期待したいと思いますけれども、日本は焦《あせ》って一生懸命《いっしょうけんめい》に接触《せっしょく》し、〝お土産《みやげ》〟を持っていくほどの必要はないのではないかと思います。

世界は中国と韓国だけではありません。今、朝日新聞が、ああいう状態になっているのは、中国や韓国を冷静に見てもらうチャンスなので、そうしてもらったほうがよいでしょう。

産経の前ソウル支局長にも、できれば〝十字架《じゅうじか》〟に架かっていただいたほうがよいかもしれません。「もう少し頑張《がんば》れ」などと言ってはいけないと思いますが、キリストのようになっていただいたほうが、世界に対するPR力としてはよいかもしれないと思います。

おそらく、朴槿恵大統領は、「朝日事件」を「産経事件」に切り替《か》えることができると思っているのでしょうが、その見方は非常に甘《あま》いと思いますし、自分の考えをやや過信しているのではないでしょうか。要するに、「自分を守るためなら、他国の世論《せろん》など、どうにでも支配できる」と思っているわけですけれども、その点が「甘い」のです。

日本は韓国《かんこく》の現状を冷静に見て外交スタンスを決める

大川隆法　やはり、今、「地球的に見て何が正しいか」が探究されるべき時期が来ています。

おそらく、幸福の科学の動きが歴史の流れを変えようとしていることに対して、朴槿恵大統領が守護霊レベルで異常性を感知しているのは、そのとおりだろうと思いますけれども、やや寂《さみ》しい感じがします。

先日、御嶽山《おんたけさん》の噴火《ふんか》を起こした者の霊言を収録したときも（前掲『広島大水害と御嶽山噴火に天意はあるか』参照）、〝独島《ドクト》の神〟（李承晩《りしょうばん》・韓国《かんこく》初代大統領の霊）が出てきて、暴れていましたけれども、あまりに視野が狭《せま》いような気がして寂しいかぎりです。

そういう意味では、これから日本の政治家も頑張って、もっともっと視野を広げ、世界が見えるようにならなくてはいけません。やはり、一国主義にならないように気をつけたいものだと思います。

ただ、今の中国、韓国は、やや、〝イッて〟いますので、日本は冷静さを持ち、距離を取りながら、彼らが頭を冷やして損得勘定《かんじょう》ができるようになるまで上手に付き合わないといけないでしょう。

中国経済ももうすぐ破裂《はれつ》しますけれども、韓国経済もまもなく「終わり」です。損得勘定でいっても、日本とは経済規模の大きさにどのくらいの差があるか、よく分かってから、日本と喧嘩《けんか》したほうがよいのではないでしょうか。そうなったときに、経済的に完全に負けるのは韓国なのです。サムスン一つで、国が立っているわけではありません。国を挙げて、国家保護のもとに巨大企業《きょだいきぎょう》をつくり、「日本の企業が弱った」と思って喜んでいるのでしょうが、全体の経済規模をよく見た上で考えたほうがよいと思います。

要するに、被害のほうが大きいと思うのです。やはり、国民に一定以上の被害が出るようであれば、指導部門が考え方を改めなければいけません。また、そういう意見を言ってくれる人が、世界のどこにもいないのであれば、「聞く耳を持っていない」ということでしょうから、それは恥ずかしいことだと考えなければいけないと思います。

そういう意味では、日本がいろいろと批判を受けまくっているということは、「大国の証明」であると考えてもよいのではないでしょうか。そのあたりについては、もう少し自信を持ってよいと思います。

4　香港《ホンコン》の「反中デモ」の行方《ゆくえ》と国際社会への影響《えいきょう》

武川　私からは、香港《ホンコン》についてお訊《き》きします。

大川総裁の冒頭《ぼうとう》のご解説のなかで、「中国のなかには巨大《きょだい》な嘘《うそ》があり、実際はバブルが起こっている。そして、香港あたりから、やはり馬脚《ばきゃく》が露《あらわ》れてくるのではないか」というようなお言葉がありました。

先週末（二〇一四年十月四日～五日ごろ）をピークに、香港のなかで、次期行政長官選挙（二〇一七年）の民主化を求める、抗議《こうぎ》のデモがありましたが、学生など若い人たちは、本当に必死で、自由を守るために戦っていました。

また、その保護者たち、お父さん、お母さんといわれるような人々も、昼間、会社を休んで、幸福の科学の支部にお祈《いの》りに来たり、あるいは、自身の信じるキリスト教の教会でお祈りをしたりして、親子ともに、とても純粋《じゅんすい》に頑張《がんば》っていたと思います。

そのような状況《じょうきょう》のなか、今日（十月九日）か明日《あす》、香港の行政府と若者たちの間で話し合いが持たれるとのことですが（注。香港政府は、十月九日夜、「民主派の学生団体と十日に予定していた正式対話を見送る」と発表。十一日には、「次期行政長官選挙から民主派を事実上排除《はいじょ》した中国の決定を、学生団体が受け入れなければ、対話は行わない」との考えを示した）、現状を見るかぎり、中国側に妥協《だきょう》の余地はないように思いますし、「どれだけ純粋に頑張っていても、単なる無駄《むだ》な努力で終わってしまうのではないか」ということを言う大人たちも多いようです。

ただ、大きな目で見ますと、大川総裁が香港にご巡錫《じゅんしゃく》くださったときの言葉が、本当に、確実に現実化しているようにも見えます（注。二〇一一年五月二十二日、大川隆法は、香港にて、"The《ザ》 Fact《ファクト》 and《アンド》 The《ザ》 Truth《トゥルース》"（「事実」と「真実」）と題する英語講演を行い、「香港は中国のリーダーである。中国の人々を啓蒙《けいもう》し、中国の未来の方向性を指し示してほしい」という〈中国の香港化〉を示唆《しさ》するメッセージを伝えた。『大川隆法 フィリピン・香港 巡錫《じゅんしゃく》の軌《き》跡《せき》』（幸福の科学出版刊）参照）。

しかし、一般《いっぱん》の人々には、なかなか、その道《みち》筋《すじ》が見えませんし、私たち信者もそこがよく分かりませんので、そうした道筋、あるいは、日

2011年5月22日に香港・九龍湾国際展貿センターで行われた講演 "The Fact and The Truth" により、香港の人々は大いに勇気を鼓舞された。

本の国としてやるべきことについて、お教えいただければと思います。

習近平《シージンピン》が「繁栄《はんえい》の条件を学べるか否《いな》か」が事態の行方《ゆくえ》を決める

大川隆法　確かに、習近平《シージンピン》・中国国家主席から見れば、「学生ごときが、大中国に対して、授業をサボッて立ち向かってくる」などというのはありえないことですし、あれを押《お》し潰《つぶ》せないようでは、そのあとの自治区での反乱などが、もっともっと巨大化してくる可能性がありますので、「絶対に譲《ゆず》れない」という考え方は持っていると思うのです。

ただ、香港には外国メディアがかなりあるので、〝南京大虐殺《ナンキンだいぎゃくさつ》〟風のものをでっち上げるのには、少し難しい地域です。香港の学生たちが一方的に悪かったような物語をつくるのには、少し難しいところなのです。また、「香港で起きていることは、台湾《たいわん》に全部、報道されているので、台湾の人がその実態をよく知ってしまう」ということもあります。

そのようなわけで、「中国が何をするか」ということを、世界が、今、見ているところではあります。

ところが、香港のすぐそばには、中国人民解放軍が、十万人、もう今、集結して待っており、いつでも天安門《てんあんもん》事件（一九八九年）のようなことがやれるような状態にはなっているわけです。

その意味で、「どのへんで、習近平《しゅうきんぺい》の堪忍袋《かんにんぶくろ》の緒《お》が切れるか」というところですが、これは、彼の哲学《てつがく》が何であるかが見えるところでもあると思うのです。つまり、大中華帝国《だいちゅうかていこく》主義から見

2014年９月、香港の民主化を要求する学生らの反中デモが当局と衝突。参加者の色とりどりの傘が象徴となり、「雨傘革命」とも呼ばれている。

れば、そのようなものは踏《ふ》み潰さなくてはいけないわけで、話し合いなど、あろうはずもないことなのです。

香港行政長官の選挙は、いちおう、「北京《ペキン》政府が唾《つば》をつけた人たちを二、三人ぐらい候補者に立てて、そのなかから選ぶ」というようなものですが、実際上、当選者はもう決まっています。決まっている人が選ばれるわけです。

中国は、全人代《ぜんじんだい》（全国人民代表大会）などをやっているので、あの放送だけを観《み》ると、日本の国会と一緒《いっしょ》のように見えますが、あれは、いわゆる議会制民主主義とはまったく関係がない

中国・第十二期全国人民代表大会（2013 ～ 2018）。2987 人の議員のうち 2157 人が中国共産党で占められている（本書 101 ページ参照）。

ものです。選ばれる人から内容まで、全部決まっていて、〝出来レース〟でやっているので、全然違《ちが》うのです。

つまり、形だけを外に見せているものですが、「香港でも同じことをやろうとすると、何か、具合が悪いらしい」ということは、習近平にも少しは分かってきているると思います。

しかし、客観的に見れば、もう十万人もの軍隊が横で控《ひか》えているのですから、彼が腹に据《す》えかねたら、突撃《とつげき》する可能性は当然あるので、かなりの被害《ひがい》が出る可能性はあると思うのです。

ただ、その小さな土地を占拠《せんきょ》したからといって、香港の繁栄《はんえい》が手に入るわけではありません。それは、青い鳥を捕《つか》まえようとして殺してしまったら、幸福にはなれないようなものであって、「その繁栄が、いったい何によって起きるのか」ということを、やはり知らなくてはいけないと思うのです。

それは、結局、各人に与《あた》えられた「チャンスの平等」、そして、「努力・汗《あせ》」「知恵《ちえ》」、また、「繁栄を尊《とうと》ぶ気風」、そうしたものがつくっているわけであり、諸外国とも自由に交流できるところから始まっているわけです。

また、情報が得られることによって、インベストメント（投資・投機）は起きてくるものなので、そうしたものが奪《うば》われた状況では、やはり繁栄は成り立たないのです。

したがって、この問題がどうなるかは、「そのへんを彼（習近平）が学べるかどうか」というところにかかっていると思います。

「習近平《しゅうきんぺい》の野心」と「香港《ホンコン》を守る方法」

大川隆法　冒頭で、「中国経済が三十倍に伸《の》びたというのは、少し信用ができかねる」と述べました。習近平《しゅうきんぺい》がそう見せたがる理由は、やはり、香港《ホンコン》や台湾を吸収したいからだろうとは思います。つまり、「香港や台湾が、中国のなかに組み入れられても、別に困りませんよ。もう、発展してうまくいっていますから」というような感じに見せたいのだと思うのです。

私の感じとしては、「中国の沿海部の三億人前後が享受《きょうじゅ》している経済レベルにまで、全中国規模で発展したかのように、統計をつくっているのではないか」という疑問がかなりあります。したがって、どこかで、そうした財政制度のからくりが明らかになるときが来るのではないかと思います。

そのようなことは、通常、野党があったりすると、すぐに分かることです。あるいは、政府を批判できるマスコミがあれば、すぐに分かってしまうことなのです。ところが、そうした批判をすると、たいてい刑務所《けいむしょ》行きになるため、それができないことになっているわけですが、中国は、そのような批判を止《と》めるには、少し大きくなりすぎたかなという気はしています。

そのようなわけで、中国が香港を合併《がっぺい》して、十七年たちましたが、「五十年間守る」と言っていた「一国二制度」を、もう守れなくなってきつつあるのだろうと思います。

「香港が自由にならないのでは、台湾が自由になるわけがない」ということなので、そのへんの問題はあるのではないかと感じますが、習近平の野心は、もっともっと膨《ふく》らんでいると思うのです。彼の野心には、もう、中南米から、ヨーロッパ、アフリカの支配まで入っていると

香港民主派に逆風
習政権が分断工作
経済悪影響に批判
若者に政治意識

2014年10月5日付読売新聞。香港の民主化を求める学生らの抗議行動に対し、習近平政権が分断工作を図っていると報道。

思われます。そのため、「こんな足下《あしもと》でつまずくようなことがあってはならん」と、おそらく思っていることでしょう。

香港の人たちが取る方法としては、確かに、「金融《きんゆう》の中心、ハブ空港的な役割の地から、海外に逃《に》げる」という手もありますが、ある意味で、「獅子身中《しししんちゅう》の虫となって動く手もあるのかな」と思いますし、今、そうしたかたちになっているのかもしれません。

ただ、香港独自では、やはり、防衛できるようなシステムが十分にありません。小さくとも、イスラエルのように強い国もありますが、「香港独自では守り切れない可能性はあるだろう」と感じてはいます。

2014年10月5日付産経新聞。香港でのデモ活動に対し、政府は強硬措置も辞さない考えを示唆。

したがって、アメリカには学生のほうを支援《しえん》する傾向《けいこう》が少し出ていますが、さらに、台湾や日本など、ほかのところの支援を取り付けていかなければ、やはり、けっこう厳しいだろうと思います。

「民主化」に向け、「情報統制国家」とせめぎ合う香港《ホンコン》

大川隆法　結果的には、中国本土が、経済的な競争をするのに、同じような土俵を提供できるようなところまで、ある程度、蓋《ふた》を開けて見せないといけないのではないでしょうか。やはり、「事実」を見せてくれないことには、事態は、それ以上、進まない可能性が高いと思います。

もう、香港《ホンコン》と言わず、中国本土の人でも、政治家から始まって、経済人まで、自分の資産を海外に一生懸命《いっしょうけんめい》、逃がしているような状況ですから、自分たちで自分たちの国を信じていないのです。みんなで、一生懸命、〝鉄の掟《おきて》〟を守りつつ、

自分たちの個人主義は個人主義で守っており、オーストラリアやカナダ等に資産を逃《に》がしているぐらいです。本土の人でさえ、そうなのです。

それで、習近平が、一罰百戒《いちばつひゃっかい》で、「何千億円も私腹を肥やした」とか、「賄賂《わいろ》をもらった」というような政治家を弾圧《だんあつ》し、見せしめをして、「〝悪代官〟がいたのだ」というようなことで済ませようとしていますが、おそらく、このレベルは、日本では江戸《えど》時代ぐらいでないと通用しないレベルでしょう。その意味で、少し無理があるのではないかとは思います。

いずれにしても、私は、香港は、厳しい状況下にはなると思うものの、頑張れば、中国を民主化に持っていけるかもしれないと思うのです。もしかすると、〝脳天逆《さか》さ落とし〟（バックドロップのようなプロレス技《わざ》）みたいに、ダーンと後ろに投げて落とすような感じになるかもしれません。そのあたりで、今はせめぎ合っているのでしょう。

ただ、学生だけでは、少し力が足りないかもしれません。被害が出るか出ないかに注目していますが、天安門事件のときは、あっという間に見事に隠《かく》されてしまいました。中国高速鉄道の列車が追突・脱線《だっせん》し、高架《こうか》から落ちて、すぐに埋《う》められた事故がありましたが（二〇一一年）、それと同じように、天安門事件も、そうとうの流血だったものの、いったい何人が死んで、誰《だれ》が死んだのかが、いまだに分からない状況なのです。

そのように、中国では、流血の惨事《さんじ》が起きても、スッとそれを始末《しまつ》して〝消して〟しまいま

1989年6月、中国当局による武力介入が起きる直前の天安門広場。

すし、政府によるマスコミ支配もすごくて、幸福の科学のアニメ映画を流してもブラックアウトするぐらいです。ＮＨＫの国際ニュースもブラックアウトして、中国の具合の悪いところはパッと消してしまいます。そのため、香港問題を取り上げたりすると、パッと消えるようなところがあるわけです。

アメリカのＣＮＮは、そうした影響《えいきょう》をかなり受けつつも、まだ、香港に残っています。「そのへんが生き残れるか、逃げ出すか」というあたりは、興味深い現象かと思って、今、見ているところではあります。

いずれにしても、隠蔽《いんぺい》しているものは、いずれ露見《ろけん》してくるであろうとは思います。「それに、どれだけ犠牲《ぎせい》が伴《ともな》うか」という問題だと思うのです。

香港《ホンコン》の民主化運動の「影響力《えいきょうりょく》と方向性」はどうあるべきか

大川隆法　香港《ホンコン》はかなり大変だろうとは思いますが、台湾は考え方を変える可能性が高いと思います。

香港で、孫文《そんぶん》がやり損《そこ》ねた「三民《さんみん》主義」（民族主義・民権主義・民生主義）的な民主主義化を中国本土に働きかけることによって、中国が取ろうと考えているのが分かっている、台湾、あるいは、沖縄《おきなわ》が中国化していくのを止めることは可能かと思います。

ただ、香港単独では持ちこたえられないのではないかと思いますので、やはり、アメリカやヨーロッパも含《ふく》め、上手に国際世論《せろん》づくりをしないといけないでしょう。

今、香港の元・宗主国《そうしゅこく》であるイギリスが、

孫文のスピリチュアル・メッセージ
革命の父が語る中国民主化の理想
孫文の霊言 緊急発刊!
大川隆法
敬虔な「クリスチャン」であり、
中国や台湾で「国父」
として尊敬される孫文は、
「自由な中国」を願っている!

孫文（1866 ～ 1925）
中国の革命家・思想家。日本などに亡命しながら清朝打倒を指導し、1911年に辛亥革命が起こると、中華民国の初代臨時大総統となる。まもなく、その地位を軍の実力者・袁世凱に譲ったが、その後も国民党などの指導者として活動し、民族主義・民権主義・民生主義からなる「三民主義」を唱えながら、死の直前まで革命運動を続けた。幸福の科学では、2012年２月、孫文の霊を招霊し、三民主義の真意等についてインタビューした（『孫文のスピリチュアル・メッセージ』〔幸福の科学出版〕）。

つい先ごろ、分裂《ぶんれつ》する寸前だったように、弱ってはいます。スコットランドが独立しようとしていたところですので、イギリスの凋落《ちょうらく》もかなり激しいなとは思っています（注。二〇一四年九月十八日、イギリスからの独立の賛否を問う住民投票がスコットランドで行われ、独立賛成が四四・七パーセント、反対が五五・三パーセントで反対が上回り、スコットランドはイギリスにとどまることになった）。

しかし、これについては、安倍《あべ》首相が目指している方向の先にあるものを思えば、やはり、日本が、ある程度は、アジアに責任を持たなければならなくなってくるのではないでしょうか。

その意味で、香港の人たちにとっては、「日本が、アメリカとの集団的自衛権等を見直して、ある程度、国際正義の一端《いったん》を担《にな》えるように、国体を変えようとしている」ということは、本当は心強いことなのではないかと思うし、台湾も、おそらくそうだろうと思うのです。

そのようなことを考えていますので、なるべく、流血の惨事にあまりならないように終えてほしいとは思うものの、何せ香港は島が小さいので、持ちこたえられるかどうかが、若干《じゃっかん》、分かりません。

ただ、香港をミサイル攻撃《こうげき》して、ビルをバラバラにしてしまったら、そのあと繁栄が戻《もど》るわけがないことぐらいは、習近平もさすがに理解しているでしょう。彼も、そこまでバカではないだろうとは思います。「ビルと、なかにいる人がいなくなって、経済が残る」と思っているなら、それは、そうとうイカれています。

彼は、さすがに、そこまでバカではないとは思うものの、「軍隊で経済をねじ伏《ふ》せたい」というような気持ちを持っているので、その考え方を変えるような何かが、ここで起きるといいなと思います。

私たちも、そのあたりのことについては、できるかぎり「思想戦」によって、なかに入り込《こ》んで、活動しなければいけないところがあるのかなと思います。

日本には「危機対応のシミュレーション」が必要

大川隆法　これは、中国本土の人たちにとって、不幸になる話ではなくて、よくなる話なのです。

おそらく、中国の内陸部の山に近いほうの人たちには、月一万円や二万円で生活している人が、まだたくさんいるはずなのです。そうした人たちが、何か、世界最大の経済大国になろうとしているような幻想《げんそう》で、国自体を洗脳しようとする勢力にやられているわけです。

そうした、月一万円や二万円で生活している人たちは、マスコミの報道など、読んでも聞いてもいないと思います。電気が通っていないようなところでテレビが観られるはずもないでしょう。

そうした地域に、太陽光発電で、電気が取れるようにしているのは日本の企業《きぎょう》です。日本は、企業が「焼き討《う》ち」されても平気でやっているような、本当に出来のよすぎる〝出来すぎ君〟ですが、少し、「危機対応のシミュレーション」はしておいたほうがよいと思います。

香港に対する国際的に許すべきでない過激な行動によって、〝流血〟が起きるようなことになれば、中国国内の日系企業に対して、「制裁」とまでは言わないまでも、中国の経済にとって困るような動きが取れるシミュレーションはしておくべきでしょう。

「日本がデフレになって中国が発展したのは、ユニクロのせいだ」という説もあるぐらいですが、売上が一兆三千億円のユニクロでは、中国経済の三十倍説はどうしても支え切れないので、理屈《りくつ》が合っていないと思います。

焼き討ちをされても平気で、補償《ほしょう》を求めない日系企業ですが、やはり、国家レベルで対抗手段を考えておいたほうがよいでしょう。

いずれ、工場も会社も接収《せっしゅう》されることになると思いますが、そういう場合には、いろいろなシミュレーションをしなければいけませんし、最終的に〝利に聡《さと》い〟国民ではありますので、利害や、未来がどういう方向に動いていくのかを明確に見せることで、分かってくることはあると思います。

中国人による「買い占《し》め」が進んでいる日本

大川隆法　今、中国の金持ちたちは偽物《にせもの》をつかまされたくないので、高価なものは、だいたい日本に買いに来ていますし、「家族用だ」などと言いつつ余分に買って、中国内で転売していることは、ほぼ確実と思われます。

また、彼らは土地を買うにしても、「白金《しろかね》あたりがいい」などと言っているらしいので、「ちょっと待った！」という気持ちになります。将来の投資価値を考えると、港区《みなとく》・白金の付近がよいので、中国人に狙《ねら》われているそうです。

さらに、「日本の名水《めいすい》」が出るあたりも、だいぶ買い占《し》めが進んできていますので、彼らは将来的にお金に換《か》わるところを十分に考えています。日本の名水は石油と同じぐらいの値段で売れますので、十分な資金源にもなり、投資価値があるのです。そういう清水《せいすい》がない中国にとっては非常に値打ちがあるものなので、そのあたりまで投資しようと考えている中国の経済人がいるわけです。

したがって、中国にうまく引きずり込まれてしまわないように気をつけたほうがいいと思います。

中国の「日系企業《きぎょう》を取り込《こ》む作戦」に騙《だま》されてはならない

大川隆法　最近、稲盛和夫《いなもりかずお》氏は、ＪＡＬ《ジャル》の立て直しに成功し、「経営の神様」の称号《しょうごう》が戻ってきたような面があるので、中国のほうでは、おそらく政府絡《がら》みだと思いますが、やたらに〝稲盛教〟のようなものを持ち上げて広げる運動をしているところがあります。

しかし、日本のマスコミからは、「京セラは、元祖《がんそ》ブラック企業《きぎょう》」などと言われ、批判する動きが出てきています。これは、「中国に取り込《こ》まれようとしている」ということを感知しているのではないかと思われます。

また、民主党政権のときには、鳩山由紀夫《はとやまゆきお》氏が首相を辞《や》める直前に、温家宝《おんかほう》首相（当時）が会談のために日本へ来たことがありました（二〇一〇年五月三十日）。その〝おかげ〟で、私

2010年5月末、総理大臣官邸で温家宝首相を迎えた鳩山首相。この直後に鳩山氏は辞任を表明。中国寄りの民主党政権への支援で来日した温氏の面子は丸潰れになったといわれる。

は羽田《はねだ》で迷惑《めいわく》を被《こうむ》りました。「なぜ、警察官がこんなに多いのだろう。パトカーだらけだ。これはいったい何だろう」と思ったら、温家宝氏が鳩山氏に会いに来ていたわけです。

そして、温家宝氏が帰った翌日に、鳩山氏は政権を投げ出しているのですから、愚《おろ》かな話です。

要するに、彼ら中国人は、「中国が支えれば、民主党政権はもつ」と思うぐらいうぬぼれていたのでしょう。

中国は今、稲盛氏あたりを引きずり込み、「日本の経営はまだまだ入れますよ」というかたちで、日系企業が逃げられないように取り込もうとする作戦を立てているのだろうと思います。

このあたりは、騙《だま》されないようによく考えておく必要があります。やはり、「リスク管理」と「損切《そんぎ》り」を含めて考えなければいけません。

逆に、「中国がこのように変わってくれるのなら、中国での企業活動は続けられるけれども、それを変えずに香港でこのようなことをするのであれば、日系企業は縮小を考えなければいけない」と言うような、交渉《こうしょう》力が要《い》るのではないかと思います。

そのあたりの指導力は、首相官邸《かんてい》にも持ってほしいものです。

中国が嘘《うそ》で言っている「南京大虐殺《ナンキンだいぎゃくさつ》」との比較《ひかく》

大川隆法　私は、中国が十万人の人民解放軍を香港に投入して、廃墟《はいきょ》にしないことを祈りたいと思います。

香港は小さいので、廃墟にするのは一週間もかからないのではないでしょうか。中国が嘘《うそ》で言っている「南京大虐殺《ナンキンだいぎゃくさつ》」のようなことを本気でやってみせられると思います。一週間もあれば、三十万人ぐらいは殺してみせられるでしょう。

今、世界中のテレビで報道ができる状況になっていますので、最悪の場合、「どのようにすれば、三十万人ぐらいが死ぬか」ということが実際に分かると思います。「三十万人を殺す」というのは大変なことです。ビルにミサイルを撃《う》ちまくって全部崩壊《ほうかい》させて、ビルのなかに住んでいる人たちを殺さなければ、三十万人も死にません。

ですから、南京攻略のときのように、馬に乗って平和裡《へいわり》に入城した人たちが三十万人も殺すなど、できることではないのです。日本刀で斬《き》った場合、刃《は》がボロボロになります。とてもではありませんが、もたないです。

戦車が入り、ミサイル部隊が入り、建物をバンバンと撃ち、人々が逃げ惑《まど》っているような状況でも、一週間で三十万人を殺したとすれば、大したものです。今の兵器でやっと殺せるぐらいの人数です。

これを〝文明実験〟として行うつもりかどうかは分かりませんが、バカなことはあらかじめ教えて、防がなければいけないと思います。

「琉球《りゅうきゅう》独立運動」と同じ「イスラム国」の動き

大川隆法　そうしたことが、台湾のバックアップになりますし、沖縄もいまだに騙されている印象がかなり強いので、現実をよく知る意味での勉強になるとよいでしょう。
「イスラム国」でも同じ問題があると思います。

あとで質問があるかもしれませんが、結局、「イスラム国」で起きているようなことは、沖縄にある米軍基地の撤去《てっきょ》問題と同じです。「アメリカ軍が撤退したあとに『琉球独立運動《りゅうきゅう》』が起きる。そこに中国から義勇軍《ぎゆうぐん》が来て、一緒に戦って独立する」というようなことなのです。

これが「イスラム国」です。「イスラム国」の動きは、「琉球独立運動を起こして、ついでに台湾も合併してしまおう」というような動きなのです。

今、アメリカは、「このときに何をすべきか」ということを悩《なや》まなければいけないわけです。シチュエーション的には、ほとんどそういう感じでしょう。

中国の改革には「西郷隆盛《さいごうたかもり》」「坂本龍馬《さかもとりょうま》」のような人が必要

大川隆法　いずれにしても、香港については「中国を変える力」になるとよいと思いますが、あまり甚大《じんだい》な被害が出ないよう、上手に国際世論をリードしなければいけません。

また、日系企業等を人質《ひとじち》に取ろうと考えていることも見えているので、このあたりの危機管理も同時にしなければいけないでしょう。

そして、共産党政府には、「繁栄は何によってつくられるのか」ということを知ってもらう必要があります。

「事実上の一党独裁」とよく言われるように、中国には共産党以外に政党がないわけではありません。政党はあることはあるのです。議席が少ないだけで、複数の政党が許されることになってはいるのですが、実質上、ありえないかたちになっているわけです（注。日本の国会に当たる「全国人民代表大会」には、約三千議席のうちの三割程度、共産党以外の政党や少数民族の議席もあるというが、事実上、共産党の指導下にあり、共産党の議案等が否決された例はない）。

したがって、中国にも西郷隆盛《さいごうたかもり》や坂本龍馬《さかもとりょうま》のような人が出てこないといけないのかもしれません。そして、内部から何らかの改革をする必要があります。外からだけではできないと思います。

ほかに気になることは、ロシアとの接近のところでしょう。これについては戦略的に密着させないようにしないといけません。ロシア、中国、それからイスラム系までが全部つながっていくと、やはり大変なことになるでしょう。

歴史の歯車が正しく回っていなかったことに対する検証

大川隆法　以上、香港を中心に述べました。

私たちにできることは、それほどありませんし、日本の学生に対して、「義勇軍として行け」と言うわけにもいかないでしょう。

やはり、香港のデモ隊は、「持久戦」になるともたないと思います。会議をしたり、休んでいたりするときを狙って、政府が一気に実力行使をすることはありえるでしょう。

それに対しては、国際世論を起こす運動等で戦わなければいけないという気がします。

結局、〝兵站《へいたん》〟がもたないのです。もともと、「デモは二週間が限度だ」と見られていたので、そろそろ限界が来ていると思います。その弱ったときを狙えば、軍隊によって大量に殺戮《さつりく》をしなくても、いわゆる機動隊レベルのもので抑《おさ》え込める可能性もありますので、そういうかたちになるのかどうか。

ただ、これが報道されるかどうかの問題もあるでしょう。「記者たちもみな、捕まえてしまう」ということであれば、報道ができなくなるからです。

この実態をよく知った上で、朝日新聞問題なども、もう一度、レビュー（見直し）してみることが大事だと思います。だから、これは偶然《ぐうぜん》のことではないのです。「歴史の歯車が正しく回っていなかったことに対する検証がなされている」

ということを知っておいたほうがよいと思います。事実は事実として、世界に知られたほうがよいのではないでしょうか。

万一《まんいつ》、今後、憲法九条の維持《いじ》を訴《うった》える人がノーベル平和賞を受賞するようなことになれば、私は近隣《きんりん》の〝平和を愛する諸国民〟にも、それを譲って共有したいと思っています。

最近、ノーベル平和賞は、よく〝悪さ〟をするので、いけません。それをもらうと、だいたい国が傾《かたむ》くことになっているので、気をつけないといけません。オバマ大統領がノーベル平和賞をもらったために、アメリカの力が弱くなってしまった面もあるので、気をつけないといけないと思います。

ノーベル文学賞についても、左翼《さよく》的なものばかりを出してくるので、やや危険なところがあるでしょう。

「言論」によって、香港《ホンコン》を思想的に支援《しえん》したい

大川隆法　私たちは、出版や広告、デモ、ビラ配布など、平和的な言論手段でしか戦えませんが、情報戦の類《たぐい》であれば、まだまだできることはありますし、上手に狙えば、ピンポイントで論点を攻《せ》めていくことは可能でしょう。

今、幸福の科学出版も、週刊誌や新聞に対抗できるぐらいの発刊の速度を持った〝赤字かもしれない経営〟をやっていますので、必要とあれば、いつでも、私は言論としては出せるのです。ありがたいことに、マスコミ系統の方々が私の著作を読んでくれているようなので、影響力《えいきょうりょく》が出やすいと考えています。

香港《ホンコン》に関しては、実力的に見れば分《ぶ》が悪いですし、大人や年を取った人たちは、「すでに香港は中国の一部なのだからしかたがない」と諦《あきら》めている面もあります。ただ、学生のほうは諦めないでいるわけです。

したがって、もう少し思想的に支援《しえん》ができればよいと思っています。

中国の十数億人は、本当にかわいそうです。中国政府には、「人は餌《えさ》で釣《つ》れば〝飼育〟できる。飼い馴《な》らせる」と思っているようなところがあるので、「やっていいレベルと、やってはいけないレベルがある」ということを知るべきです。

先の大戦から日本を自由にし、批判や意見が言える体制に

大川隆法　また、韓国《かんこく》と中国は両方とも、「先の大戦のことを出せば、日本は黙《だま》る」というところにつけ込んでいるので、先の大戦のところから日本を自由にして、自由に批判や意見が言える体制に持っていかなければならないと思います。

そういう意味で、現政権が行《おこな》っていることの「先」を見せなければいけないでしょう。

そのため、日本政府も、香港問題等についてもう少し積極的に意見を言えるぐ

らいになっていただきたいですし、「遺憾《いかん》です」で済ますようなことであってはいけません。

以前、韓国の李明博《イミョンバク》前大統領にバカにされ、「(天皇陛下《へいか》が)『痛惜《つうせき》の念』なんて言葉一つを持って来るなら、韓国に来る必要はない」というようなことを言われたことがありますが、「不明瞭《ふめいりょう》な日本語」ではなく、「言論として戦える日本語」を使い分けられるような努力をしなければいけないと思います。

それまで、当会が戦い続けなければいけないのかどうかは分かりませんが、日本政府に勇気がないのであれば、勇気を出せるように頑張りたいと思っています。

5 「イスラム国」の未来と幸福の科学の使命

加藤　私からは、先ほどから何度かお話のなかに出てまいりました「イスラム国」についてお伺《うかが》いしたいと思います。

過日、わが国でも、某《ぼう》大学を休学中の学生がシリアに渡航《とこう》しようとし、「私戦予備及《およ》び陰謀罪《いんぼうざい》」という聞き慣れない罪状で事情聴取《ちょうしゅ》を受けましたが、「イスラム国」はわが国にとっても、もはや遠い国の出来事ではなくなりつつあります。

実際、ほかの欧米《おうべい》諸国においても、イスラム教徒ではない若者などが、イスラム教に改宗した上で、彼らが言うところの「ジハード（聖戦《せいせん》）」に加わろうとしています。

今、「イスラム国」は、ものすごい勢いで実効支配地域を広げておりますが、この動きは、単なる残忍《ざんにん》なテロリスト集団の活動の延長なのか、それとも、イスラム教の復興の一環《いっかん》的な意味合いもあるのか。「地球的正義」というお言葉もありましたけれども、このあたりについて、大川総裁の目からはどのように見えておられるかを、教えていただきたいと思います。

「イスラム国」が出てきた遠因《えんいん》とは

大川隆法　やはり、〝ボタンの掛《か》け違《ちが》い〟の部分はあるだろうと思うのです。

アメリカがイラクから撤退《てったい》して、軍事予算の削減《さくげん》をし、さらには、「アメリカの若者を死なせない」というオバマ大統領の考えもあって、アフガンからも退《ひ》いていきました。また、アメリカ国内のほうを充実《じゅうじつ》させ、国内の平等を完成させるほうに力を割《さ》くという方針もあったわけです。しかし、この結果が「イスラム国」の問題につながっているのでしょうし、それに乗じて、中国の積極進出や、ロシアの問題など、いろいろなところが連動しているのだと思います。

そういう意味では、アメリカは、「世界の警察官」をやめてはいけない部分があったのではないでしょうか。

これは、基本的に、オバマさんが経済学を分かっていないことが原因だと思います。

そもそも、軍事的に世界最強国であるならば、ドルを幾《いく》らでも刷ればよいのです。〝紙切れ〟を刷れば、それがすべて〝金《きん》〟というか、

2014年10月、トルコ南東部のシャンルウルファで、「イスラム国」とクルド人武装勢力が激突。「イスラム国」は急速に勢力を拡大している。

富に変わるのです。最後に軍事力が担保している場合には、世界的にその〝紙切れ〟は通用するのであり、やはり、「経済学の理解のレベルが低い」と言わざるをえません。

「財政再建」などは、小さな国が言えばよいことなのです。小さな国にとってはそのとおりであって、財政赤字のところは危ないから気をつけたほうがよいでしょう。しかし、アメリカのような国は、世界最強国を維持《いじ》しているかぎり、ドルを刷れば幾らでもお金ができるので、軍事予算が必要な場合、刷ればよく、それで終わりなのです。

ところが、おそらく彼は、この経済学が分かっていないはずです。普通《ふつう》の国と同じように考えたり、あるいは、小さな会社と同じような経理をしようと考えたりしているように思います。

本当は、「ウォールストリート」の意味が分かっていないのでしょう。かわいそうではありますが、シカゴの貧民街《ひんみんがい》で弁護士活動をしていたら、やはり分からないだろうと思います。

名前を出したらいけないかもしれませんが、徳島《とくしま》県出身の政治家である仙谷由《せんごくよし》人《と》さんが首相になったようなものだと考えたら、だいたい想像がつくでしょう（会場笑）。おそらく、経済的なことなど分からないと思われます。

そういう意味では残念な判断であって、「チェインジ」という標語に偽《いつわ》りはなかったのですが、「どちらにチェインジしたか」ということが問題なのです。もし、次に「チェインジ」を言う場合には、よいほうに「チェインジ」してもらわないと困るわけで、変えさえすればよいということではありません。

「イスラム国」については、急にできたもので、あれよあれよという間にできてしまったわけです。ただ、実動勢力が一万人ぐらいの軍隊のようですから、これなら当会でも〝イスラム国〟をつくれなくはありません（笑）（会場笑）。当会のなかで活発な活動をしている方を中心に武器を与《あた》えれば、〝イスラム国〟、あるいは、〝大和国《やまとこく》〟でもよいのですけれども、つくれなくはないでしょう。その程度の〝国〟ではあると思います。

アメリカとヨーロッパが本格的に空爆《くうばく》を始めたので、「イスラム国」指導者のアブバクル・バグダディは、最終的には、おそらく殺されることになるだろうと思います。あるいは、懸賞金《けんしょうきん》が約十億円かかっているため、殺される前に逮捕《たいほ》できるかもしれませんが、その場合には、裁判をして死刑《しけい》になるでしょう。いずれにしても勝てるとは思いません。

「イスラム国」も、「アメリカが世界の警察官をやめた」ということを信じて動いたのでしょう。

先ほど、「ボタンの掛け違いかもしれない」と述べましたが、当会からも本を出したように（『政治革命家・大川隆法』『アサド大統領のスピリチュアル・メッセージ』〈共に幸福の科学出版刊〉等参照）、「アサド政権が化学兵器を使って民衆を殺している」と判明した段階で、アメリカが武力行使をしていたならば助けられていたはずの人たちが、今、むしろ攻撃《こうげき》を受けているところが、〝運命の皮肉〟です。

「オバマ氏の優柔不断《ゆうじゅうふだん》」が歴史の歯車を変えてしまい、結果的には、今、アメリカはアサド政権のほうを助けるかたちになっていて、アサド政権に反対していた〝民衆〟が攻《せ》められています。

「イスラム国」は、イラクの少数派であるスンニ派で、自分たちにとって不利な政策をシーア派の大統領に行われていることに

『政治革命家・大川隆法』
（幸福の科学出版）

『アサド大統領のスピリチュアル・メッセージ』
（幸福の科学出版）

対し、納得《なっとく》がいかなくて暴《あば》れている者と、シリアで暴れている者とがくっついてできた国であり、さらに地中海沿岸まで国を広げようと運動しています（注。二〇一四年六月に国家樹立宣言をしたが、周辺国や欧米諸国は承認していない。同年九月、国連安全保障理事会は、全会一致《いっち》で壊滅《かいめつ》に向けての対策強化を求める議長声明を採択《さいたく》）。

この「イスラム国」、つまり「ＩＳＩＳ（アイシス）」という名前を早く変えてもらわないと困ります。それでいつまでもやられると、アイシス真理子《まりこ》さんがちょっと気の毒なので（会場笑）、早く変えていただきたいものです（注。「イスラム国」の略称《りゃくしょう》は「Islamic《イスラミック》 State《ステイト》 of《オブ》 Iraq《イラク》 and《アンド》 Syria《シリア》〔イラクとシリアのイスラム国〕」の頭《かしら》文字を取って「ＩＳＩＳ」といい、これは「アイシス」とも「イシス」とも発音できる。「アイシス真理子」とは、幸福の科学の副理事長 兼《けん》 国際本部担当のイシス真理子のこと）。

もし、「ＩＳＩＳ」が地中海沿岸部まで手を伸《の》ばした場合は、「アイスル」（ＩＳＩＬ Islamic《イスラミック》 State《ステイト》 in《イン》 Iraq《イラク》 and《アンド》 the《ザ》 Levant《レバント》〔イラクとレバントのイスラム国〕の略称）という名称に統一されるでしょうが、そのあたりまで広げようと考えてはいるようです。

指導者のバグダディ氏は四十二、三歳《さい》で、「カリフ」（イスラム教開祖ムハンマドの後継者《こうけいしゃ》で、イスラム共同体における最高指導者の呼称）を自称していますけれども、おそらく殺されるだろうと思います。

「イスラム国」を率いて、自らカリフを名乗るアブバクル・バグダディ氏。

「イスラム国」とはどのような組織か

大川隆法　では、「イスラム国」の何が問題なのでしょうか。

最初はアルカイダ系とも連動したかたちでの抵抗《ていこう》運動だったのが、今ではアルカイダからも「組織としては別だ」と宣言されており、中東における別の不満勢力を集めていますけれども、はっきり言って、「サダム・フセインの呪《のろ》い」としか思えません。

これについては、一回、調べてみたいと思っていたのですが、「背後にサダム・フセインの霊《れい》が憑《つ》いているのではないか」と推定しています。つまり、イラクのスンニ派系だったサダム・フセインの霊が、この世において「反米・反ヨーロッパ」の〝ジハード〟を起こそうとしているのではないかと思うのです。

イスラムの正義は本当に分かりにくいので、これをどこかで、もう少しきちっ

『イラク戦争は正しかったか』（幸福の科学出版）

イラク共和国元大統領のサダム・フセインは、湾岸戦争やイラク戦争を起こし、2006年に「人道に対する罪」で処刑された。幸福の科学において、2013年２月にフセインの死後を霊査。死後もなお、テロ行為を肯定し、地獄界から反欧米の活動を行っていることが明らかになった。

と交通整理させたいと思います。当会から派遣《はけん》してもよいかと思う人が何人か思い当たるのですが（笑）、何とかきれいにしたいという感じを持っています。

やはり、欧米に対する不信感がそうとうあることは事実ですので、そう簡単には言うことをきかないでしょう。また、欧米にとっても、「シーア派対スンニ派」および「クルドの戦い」など、どうしても宗教的によく理解できない部分、理解不能の部分があります。

今、幸福の科学では、教えとして、このあたりにも入っていこうとしているところです。

イスラム教には、全体的に、現代文明に合うように変えてもらいたいところがかなりあります。宗教的、教え的に変えてほしいところがあり、あまりにも戦争好きすぎるところについても、やはり変えたほうがよいのではないかと考えているわけです。

アメリカほどにはならないにしても、日本も、「憲法九条の軛《くびき》」が外れて、ある程度、国際正義の樹立に参画できるぐらいのレベルの行動力や見識を持てるようになったら、やはり上手に仲介《ちゅうかい》に入るべきだと、私は考えています。例えば、アラブの問題等についても、日本の首相や外務大臣が、欧米のなかに入って仲介し、「平和裡《へいわり》に解決するにはどうすべきか」ということを考えるべきでしょう。

今、国連の指導力が急速に低下しているように見えてしかたありませんが、おそらく、考え方の軸《じく》の部分がないからだと思うのです。したがって、そういう部分に対しては、少々指導が要《い》るのではないかと考えています。

クルド人 決死の防戦
シリア北部 イスラム国攻勢
トルコ各地 救援求めデモ
イスラム過激派とクルド人
ドイツで乱闘相次

2014年10月9日付毎日新聞。「イスラム国」によるクルド人攻撃を伝える記事。

「イスラム国」の問題は、要するに「不満分子が暴れている」ということなので、いずれ制圧されると見ていますけれども、その場合、イラクは今の国を強化する必要があるでしょうし、現政権はもう少しスンニ派に対して配慮《はいりょ》する政策を取らなければならないでしょう。

また、シリアのアサド政権等についても、やはり新しい政権として立て直し、きっちりとすべきです。今までの分を引きずっているので、変えなければいけないのではないかと思います。

最終的には、「イスラム国」そのものが消滅することにはなるでしょうが、今のアバーディー政権、アサド政権そのものも、徹底《てってい》的に反省して方向を変えるなり、指導者が変わるなりしないといけませんし、仲介が必要なら、日本のような国が間に入らなければいけないのではないかと考えています。

結局、このあたりの宗教間の争いの理由がよく見えないために、何だか分からないのだろうと思います。

現代におけるイスラム教の「課題」と「改革」の必要性

大川隆法　ただ、今、日本でもスカーフ（ヒジャブ）をしているイスラム教の人がたくさん歩き始めていて、渋谷《しぶや》等に大きなモスクがあるところなどを見ると、何万人かいると思われますが、あまり争いを起こされたりすると、やはり危険であることは確かです。

　国として交流性が非常に低いため、私の講演会をしても、中東からは聴《き》きに来られず、オー

2012年10月14日にシドニー・コンベンションセンターで行われた講演"Aspirations for the Future World"。中東の信者もはるばる駆けつけた。

ストラリアで講演をしたときに、わざわざイランから聴きに来たりするような状《じょう》況《きょう》なので、やはり、もう少し、協調性を出したほうがよいと思います（注。二〇一二年十月十四日、シドニー・コンベンションセンターで行われた“Aspirations《アスピレイションズ》 for《フォー》 the《ザ》 Future《フューチャー》 World《ワールド》”〔未来世界への大志〕の質疑応答では、イラン人からの質問を受けた）。

ムハンマドが自分のことを「最後の預言者」などと言ったものだから、もはやそのあとが出てこないことになってしまい、困っているのですが、これは思想的に変えていくべきかと思っています。

プールで泳ぐにしても、イスラム教の女性は、だいたい、上から下まで、足首まであるような真っ黒の水着等を着ていますが、それでバシャバシャと泳がれると、まるで、同じプールに「くノ一《いち》」でも泳いでいるかのような気がして、あまり気持ちのいいものではありません。なかなか泳げないようなすごい水着で泳いでいますが、「周りを見て、ちょっとは考えてほしい」と言いたくなるところはあります。こういうものは、どこでもは通らないでしょう。

このあたりの宗教と政治の問題は、実に難しいものがあります。

中国のウイグルでは、先般《せんぱん》のラマダン（断食月《だんじきづき》）のとき、政府が断食をやめるように制圧したため、かなり問題にはなっていますけれども、微妙《びみょう》に、どちらが正しいとも言えない部分もありました。「学生、生徒たちがラマダン月にご飯《はん》も食べずにいるのは、健康上もよくない」というような意見も入っていて、唯物論《ゆいぶつろん》的ではありますが、一定の文化的な部分もあることは確かなので、全部がおかしいとも思えないところもあります。

冷蔵庫のなかった時代と、ある時代など、今、いろいろと食料事情の違う時代がきていますので、多少、改善すべきところはあるのではないでしょうか。

幸福の科学の使命のなかには、「イスラム教の改革」もある程度入っているのでしょうが、みな、どこも強く、「怖《こわ》い」というイメージがあります。

ただ、イスラムは、もともとは「平和」と「寛容《かんよう》」を説いているところですので、人間のほうの文化遺伝で怖くなっている面があるのでしょう。「神の教えを少しでも変えてはいけない」と思ってやっているのでしょうが、自分たちでつくったものもそうとうあると思います。

今後、大きな「政治の変動」と「宗教の変動」が起きてくる

大川隆法　そのように、今のイスラム教には危ないところがありますが、バチカン・ローマもすでに危ないところにさしかかっているように思われ、大きな「政治の変動」と同時に、「宗教の変動」も起きてくるのではないかと感じているのです。
そういう意味では国力も、ものを言いますので、「日本にはもう一段強くなっ

てもらいたい」と、私は考えています。宗教改革等も、それと一体化しないと、なかなか起こせない部分があるのです。どこから手をつけていくかということはありますけれども、少なくとも、アメリカが〝沈没《ちんぼつ》〟してしまわないように支えなければいけないとは思います。

今、アメリカのほうも、少々おかしくなってきていて、同性婚《どうせいこん》を認める州がとうとう三十州に達しようとしており、まもなく五十州まで行ってしまうかもしれない状況です。

また、ヨーロッパのほうも同性婚を認めています。

一方、イスラムは認めません。そして、ロシアも認めません。つまり、プーチンは同性婚を認めていないわけです。さらに、日本神道《しんとう》についても、神々に訊《き》くと、どうやら認めていないようなのです。

このように、勢力的には二つに割れているように見え、どちらが正しいかは分からないところがあります。

ただ、「同性婚もＯＫ、麻薬《まやく》もＯＫ」という国が、本当に世界の文化を〝支配〟してよいのかどうかです。これには、若干《じゃっかん》の危険性があるでしょう。それで死刑になるところもあるわけですから、「どちらを取るべきか」という価値判断を出していかなければなりません。

幸福の科学が使命を果たすために求められる「世界レベル」の力

大川隆法　そういう意味では、幸福の科学出版は、こんな〝ちっぽけな〟出版社で、いつまでもやっていては駄目《だめ》なのではないでしょうか。もっと世界レベルにならないといけません。あまりにも小さすぎて、使命を果たせないおそれがあるので、もう一段行きたいところです。さまざまな国で本が出ているのはよいのですが（二〇一四年十月現在、百カ国以上）、ほとんど収益にはなっていないでしょうから、幸福の科学出版は、もう一段、経営レベルを上げていく必要があるでしょう。

幸福の科学の教団本体においても、伝道が進み、信者数は増えているものの、そういう人が、必ずしも、活動家になったり、植福《しょくふく》面で教団を支えてくださる方になったりしていない部分があります。

したがって、もう少し細《こま》かくマネジメントして、〝細胞《さいぼう》〟が動き出すような組織へのつくり替《か》えをしないといけないでしょう。細かく分かれた〝細胞〟の部分であっても、やはり、自分自身で大きくなっていくような遺伝子を全体に波及《はきゅう》させていかないといけません。

国際伝道は、今のままでいけば、資金的な面から見て、ゆっくりとしか進まないでしょう。しかし、世界はもっと当会の教えを求めており、それに対しては、かなりの後《おく》れを取っています。これはまだ、経済的な面や、出版事業等の小ささが影響《えいきょう》しているのだと思うのです。

そこで、当会の「経営能力」や「マーケティング力」等の力をもう一段上げていき、諸外国においても、力になりうるところが、もっと傘下《さんか》に集まってくるような団体にならなければいけないのではないかと考えています。

いずれにしても、現状維持で満足してはいけません。もっともっと、いろいろなところに声を届けるべきでしょう。

「智慧《ちえ》」が失われつつある世界に対し、いかにすべきか

大川隆法　今、世界から「智慧《ちえ》」が失われつつあります。

ついこの前には、あの大英帝国《だいえいていこく》でさえ、イングランドからスコットランドが分かれて独立しようとしており、その結果がどうなるかも分からずにいました。北《ほっ》海油田《かいゆでん》からあがる利益の取り合いなど、利権だけで国が分かれようとしていたわ

けです。結果的には否決され、それはそれでよかったとは思いますけれども、それがどういうことになるかも分からないほど国民が愚《おろ》かになってきているという、この凋落《ちょうらく》ぶりを知らなければいけません。

「左翼《さよく》思想が流行《はや》ってくると、国が凋落する」ということを、もっと徹底的に知ったほうがよいでしょう。

例えば、「アメリカの民主党と共和党は両方とも保守だ」という言い方もありますが、民主党政権が長くなると、日本の民主党と同じような現象が出てくることが見えてきました。やはり、これに対する考え方について、もう一回、「思想戦」も必要なのではないでしょうか。

中国にしても、表面上は共産主義を掲《かか》げながら、発展しているように見せているところが、混乱要因になっていると思います。十数億人もの国民を率いているところが、一党独裁政権のトップ一人と、その側近程度でつくったものによって、すべてうまくいって発展するなどということは、あろうはずがありません。

このバブルは、いずれ全部明らかになるはずなので、私たちは、「中国バブル崩《ほう》壊《かい》後の経済をどうつくるか」まで見通していかなければいけないと考えています。

当会としては、何とかして五倍、十倍、百倍の力をつけていき、信奉者《しんぽうしゃ》、フォロワーを、もっともっと増やしていかなければならないと思います。

当会の国際本部には、少なくとも今の十倍の経済力が必要でしょう。最低でもそのくらいはないと動けない状態かと思いますので、何とかして、もう一段の底上げを狙《ねら》うべきだと考えています。

「『イスラム国』に関しては、いずれ崩壊するでしょう」というのが、質問に対する私の結論です。

あとがき

いま、産経支局長起訴問題で、韓国という国の後進性が見えてきた。また、香港でも北京政府側が実力行使し始めたことで、中国、韓国という国の異常性が世界に知られつつある。

幸福の科学や幸福実現党が言い続けて来たことが、真実だと、国際世論も、国内世論も分かってきつつある。私たちは称賛なくして、成果だけをあげつつある。

いずれ、ニュー・ワールド・オーダーを創り出しているのは、一体、誰なのか、全世界の人々が知るべき時が来るであろう。
いまはただ、やるべきことを黙々とやり続け、事実と真実を明らかにしていくことだ。「忍耐の時代」が明けるのは、もうそう遠くはあるまい。

二〇一四年　十月十六日

幸福《こうふく》の科学《かがく》グループ創始者兼総裁《そうししゃけんそうさい》　大川隆法《おおかわりゅうほう》

『国際政治を見る眼』大川隆法著作関連書籍

『黄金の法』（幸福の科学出版刊）
『救世の法』（同右）
『政治革命家・大川隆法』（同右）
『卑弥呼の幸福論』（同右）
『守護霊インタビュー 朴槿惠韓国大統領 なぜ、私は「反日」なのか』（同右）
『安重根は韓国の英雄か、それとも悪魔か』（同右）
『元社会党委員長・土井たか子の霊言』（同右）
『広島大水害と御嶽山噴火に天意はあるか』（同右）
『アサド大統領のスピリチュアル・メッセージ』（同右）

国際政治《こくさいせいじ》を見《み》る眼《め》
――世界秩序《ワールド・オーダー》の新基準とは何か――

2014年10月17日　初版第1刷

著　者　　大《おお》川《かわ》隆《りゅう》法《ほう》

発行所　　幸福の科学出版株式会社
〒107-0052 東京都港区赤坂2丁目10番14号
TEL(03)5573-7700
http://www.irhpress.co.jp/

印刷・製本　株式会社 東京研文社

落丁・乱丁本はおとりかえいたします

ISBN978-4-86395-576-9 C0030
写真：AFP ＝時事／ EPA ＝時事／ AA/時事通信／ Imaginechina/時事通信フォト
AFP PHOTO HO AL-FURQAN MEDIA ＝時事／ロイター/アフロ

大川隆法 霊言シリーズ・日本外交へのヒント

「忍耐の時代」の外交戦略 チャーチルの霊言

もしチャーチルなら、どんな外交戦略を立てるのか? "ヒットラーを倒した男"が語る、ウクライナ問題のゆくえと日米・日ロ外交の未来図とは。

1,400円

危機の時代の国際政治

藤原帰一東大教授守護霊インタビュー

「左翼的言論」は、学会やメディア向けのポーズなのか? 日本を代表する国際政治学者の、マスコミには語られることのない本音が明らかに!

1,400円

日本外交の盲点

外交評論家 岡崎久彦守護霊メッセージ

日米同盟、中国・朝鮮半島問題、シーレーン防衛。外交の第一人者の守護霊が指南する「2014年 日本外交」の基本戦略! 衝撃の過去世も明らかに。

1,400円

幸福の科学グループのご案内

宗教、教育、政治、出版などの活動を通じて、地球的ユートピアの実現を目指しています。

宗教法人　幸福の科学

一九八六年に立宗。一九九一年に宗教法人格を取得。信仰の対象は、地球系霊団の最高大霊、主エル・カンターレ。世界百カ国以上の国々に信者を持ち、全人類救済という尊い使命のもと、信者は、「愛」と「悟り」と「ユートピア建設」の教えの実践、伝道に励んでいます。

（二〇一四年十月現在）

愛

幸福の科学の「愛」とは、与える愛です。これは、仏教の慈悲《じひ》や布施《ふせ》の精神と同じことです。信者は、仏法真理をお伝えすることを通して、多くの方に幸福な人生を送っていただくための活動に励んでいます。

悟り

「悟り」とは、自らが仏の子であることを知るということです。教学《きょうがく》や精神統一によって心を磨き、智慧《ちえ》を得て悩みを解決すると共に、天使・菩薩《ぼさつ》の境地を目指し、より多くの人を救える力を身につけていきます。

ユートピア建設

私たち人間は、地上に理想世界を建設するという尊い使命を持って生まれてきています。社会の悪を押しとどめ、善を推し進めるために、信者はさまざまな活動に積極的に参加しています。

国内外の世界で貧困や災害、心の病で苦しんでいる人々に対しては、現地メンバーや支援団体と連携して、物心両面にわたり、あらゆる手段で手を差し伸べています。

年間約３万人の自殺者を減らすため、全国各地で街頭キャンペーンを展開しています。

公式サイト **www.withyou-hs.net**

ヘレン・ケラーを理想として活動する、ハンディキャップを持つ方とボランティアの会です。視聴覚障害者、肢体不自由な方々に仏法真理を学んでいただくための、さまざまなサポートをしています。

公式サイト **www.helen-hs.net**

教育

学校法人 幸福の科学学園

学校法人 幸福の科学学園は、幸福の科学の教育理念のもとにつくられた教育機関です。人間にとって最も大切な宗教教育の導入を通じて精神性を高めながら、ユートピア建設に貢献する人材輩出を目指しています。

幸福の科学学園

中学校・高等学校（那須本校）

2010年4月開校・栃木県那須郡（男女共学・全寮制）

TEL **0287-75-7777**

公式サイト **happy-science.ac.jp**

関西中学校・高等学校（関西校）

2013年4月開校・滋賀県大津市（男女共学・寮及び通学）

TEL **077-573-7774**

公式サイト **kansai.happy-science.ac.jp**

幸福の科学大学（仮称・設置認可申請中）

2015年開学予定

TEL **03-6277-7248**（幸福の科学 大学準備室）

公式サイト **university.happy-science.jp**

仏法真理塾「サクセスNo.1」 TEL **03-5750-0747**（東京本校）

小・中・高校生が、信仰教育を基礎にしながら、「勉強も『心の修行』」と考えて学んでいます。

不登校児支援スクール「ネバー・マインド」 TEL **03-5750-1741**

心の面からのアプローチを重視して、不登校の子供たちを支援しています。
また、障害児支援の「**ユー・アー・エンゼル!**」運動も行っています。

エンゼルプランV TEL **03-5750-0757**

幼少時からの心の教育を大切にして、信仰をベースにした幼児教育を行っています。

シニア・プラン21 TEL **03-6384-0778**

希望に満ちた生涯現役人生のために、年齢を問わず、多くの方が学んでいます。

NPO 活動支援

いじめから子供を守ろうネットワーク

学校からのいじめ追放を目指し、さまざまな社会提言をしています。また、各地でのシンポジウムや学校への啓発ポスター掲示等に取り組む一般財団法人「いじめから子供を守ろうネットワーク」を支援しています。

公式サイト **mamoro.org**

相談窓口 **TEL.03-5719-2170**

ブログ **blog.mamoro.org**

政治

幸福実現党

内《ない》憂《ゆう》外《がい》患《かん》の国難に立ち向かうべく、二〇〇九年五月に幸福実現党を立党しました。創立者である大川隆法党総裁の精神的指導のもと、宗教だけでは解決できない問題に取り組み、幸福を具体化するための力になっています。

党員の機関紙
「幸福実現NEWS」

TEL 03-6441-0754
公式サイト hr-party.jp

出版メディア事業

幸福の科学出版

大川隆法総裁の仏法真理の書を中心に、ビジネス、自己啓発、小説など、さまざまなジャンルの書籍・雑誌を出版しています。他にも、映画事業、文学・学術発展のための振興事業、テレビ・ラジオ番組の提供など、幸福の科学文化を広げる事業を行っています。

アー・ユー・ハッピー？
are-you-happy.com

ザ・リバティ
the-liberty.com

幸福の科学出版
TEL 03-5573-7700
公式サイト irhpress.co.jp

THE FACT

ザ・ファクト
マスコミが報道しない
「事実」を世界に伝える
ネット・オピニオン番組

Youtubeにて
随時好評配信中！

ザ・ファクト　検索

入会のご案内

あなたも、幸福の科学に集い、
ほんとうの幸福を
見つけてみませんか？

幸福の科学では、大川隆法総裁が説く仏法真理をもとに、
「どうすれば幸福になれるのか、また、
他の人を幸福にできるのか」を学び、実践しています。

入会

大川隆法総裁の教えを信じ、学ぼうとする方なら、どなたでも入会できます。入会された方には、『入会版「正心法語」』が授与されます。（入会の奉納は1,000円目安です）

ネットでも**入会**
できます。詳しくは、
下記URLへ。
happy-science.jp/joinus

三帰《さんき》誓願《せいがん》

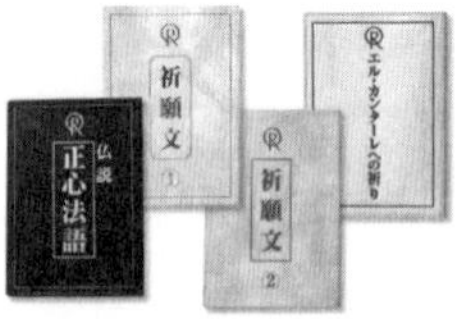

仏弟子としてさらに信仰を深めたい方は、仏・法・僧の三宝への帰依を誓う「三帰誓願式」を受けることができます。三帰誓願者には、『仏説・正心法語』『祈願文①』『祈願文②』『エル・カンターレへの祈り』が授与されます。

植福《しょくふく》の会

植福は、ユートピア建設のために、自分の富を差し出す尊い布施の行為です。布施の機会として、毎月1口1,000円からお申込みいただける、「植福の会」がございます。

「植福の会」に参加された方のうちご希望の方には、幸福の科学の小冊子（毎月1回）をお送りいたします。
詳しくは、下記の電話番号までお問い合わせください。

月刊
「幸福の科学」

ザ・伝道

ヤング・ブッダ

ヘルメス・
エンゼルズ

INFORMATION	**幸福の科学サービスセンター** **TEL. 03-5793-1727**（受付時間 火〜金：10〜20時／土・日：10〜18時） 宗教法人 幸福の科学 公式サイト **happy-science.jp**